図解でわかる

いちばん最初に読む本

城西コンサルタントグループ
神谷俊彦 編著／木佐谷康・湯山恭史・荒川清志 著

アニモ出版

はじめに

新聞やテレビなどで「ＤＸ」(デジタルトランスフォーメーション)という言葉を当たり前のように見るようになりました。新聞や雑誌を通して、企業のトップリーダーから「ＤＸの推進」を頻繁に聞く機会もあります。

ＤＸの定義については、多くの読者の方はご存じかもしれませんが、「企業がデータやデジタル技術を活用し、組織やビジネスモデルを変革し続け、価値提供の方法を抜本的に変えること」という見解が多くみられます。

ＤＸという言葉は広く浸透していますが、情報がたくさん流れている割には実態がよく見えてきません。ＤＸで成果を上げている企業は、世界でもわずか５％とされているのが現状です。

日本の企業は、このようなあいまいな状況で迷っている時間はなく、できるだけ早く実行して成果を期待されている段階にあるはずです。

ＤＸについて関心のある方が抱く疑問は、過去のＩＴ化と何が違うのか、ということではないでしょうか。情報化社会といわれ、ＩＴ革命や第４次産業革命など、ＩＴの力に期待する動きは過去から現在まで継続しています。それらの流れと違うことが起こっているのか？　違うとしたら何がどう違うのか？　という疑問を感じるのは当然のことです。

従来と違う流れの１つとして、ＤＸには「攻めのＤＸ」と「守りのＤＸ」があるという点です。脚光を浴びているのは、いわゆる「攻め」のほうであり、大きなビジネスの成功を伴っていることから、経営者でなくても関心があると思います。

しかし、多くの経営者やアナリストの人たちは「守り」に目を向けています。それはどういうことでしょうか？

そこで、もう１つのカギとなるのが「ＣＸ」（顧客体験）という言葉です。その意味は何かということです。

ＤＸを説明するには、そのほかにも多くの解説が必要ですが、上記の２つのポイントは間違いなく把握しておかなければなりません。なぜ、そのようなことが起きるのかということをしっかりと理解せずにＤＸを進めようとしても、ＤＸによる成功はないし、社内のＤＸ化を推進することはできません。

この本では、それらの言葉の持つ意味を具体的に説明して、企業が、どのようにこの時代に対応していけばいいのかを、導く役割を果たしたいと考えています。

多くの企業で働く現場の最前線の方はもちろん、経営トップやコンサルタントの皆さまにも仕事に役立てることのできる内容となるように工夫しています。

本書が少しでも読者の皆さまのお役に立つことができれば、執筆者一同これほどうれしいことはありません。

最後に、この本を発刊するにあたり、お世話になりましたアニモ出版の小林良彦様と関係者の皆さまに深く感謝申し上げます。

2021年３月

城西コンサルタントグループ会長
中小企業診断士　神谷 俊彦

図解でわかるＤＸ いちばん最初に読む本

もくじ

2章 DXの正体とは何か

3章 DXを支える技術にはどんなものがあるか

4章 ＤＸ戦略のつくり方・すすめ方

5章 ＤＸ組織・ＤＸ人材のつくり方

6章 事例でみるＤＸによる新顧客戦略

7章 ＤＸを成功させる支援策

8章 ＤＸの未来はどうなる？

カバーデザイン◎水野敬一
本文ＤＴＰ＆図版◎伊藤加寿美（一企画）

1章

ＤＸ時代がやってきた！

Digital Transformation

執筆 ◎ 神谷 俊彦

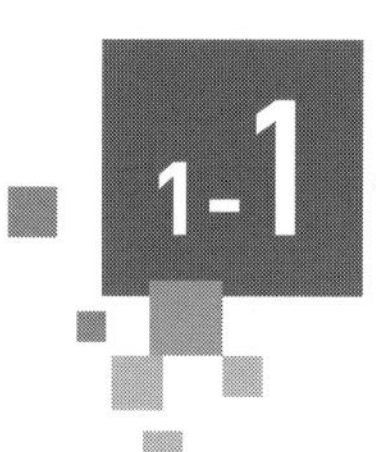

ＤＸ時代とは何か

ＤＸを定義してみると

「ＤＸ」という言葉を理解してもらうためには、まずその定義を頭に入れてほしいと思います。

ＤＸ（Digital Transformation：**デジタルトランスフォーメーション**）とは一言でいえば、「**企業がデジタル技術を駆使して、組織やルールを抜本的に見直し、顧客価値を革新的に高めるビジネスモデルを確立すること**」です。しかし、これがすべてであれば、過去に現われてきた「ＩＴ技術による革新」と何も違わないことになります。そこでこの本では、同じＩＴ革命なのになぜいまＤＸが提唱されているのかを、読者の方のために解決していきたいと思います。

ちなみに、ＤＴではなくＤＸと略すのは、英語圏では「Trans」を「X」と略すことに由来しています。

ＤＸの成り立ち

ＤＸの成り立ちは、次の３つの事象に集約することができます。

①始まりは2004年に、スウェーデン・ウメオ大学のエリック・ストルターマン教授がＤＸという言葉で「ＩＴが生活をよりよい方向に変化させる」と提唱したこと。

②2016年からデジタル社会の変革について説明するときに「デジタルトランスフォーメーション」の言葉を活用する動き（レポートや論文）が盛んになったこと。

③2018年12月に、経済産業省が「デジタルトランスフォーメーションを推進するためのガイドライン」（ＤＸ推進ガイドライン）を出して、より明確にＤＸを推進する動きが始まったこと。

特に、③の経済産業省の動きは日本企業にも影響を与えています。しかし、上記３つの動きだけではすべてを説明することはできま

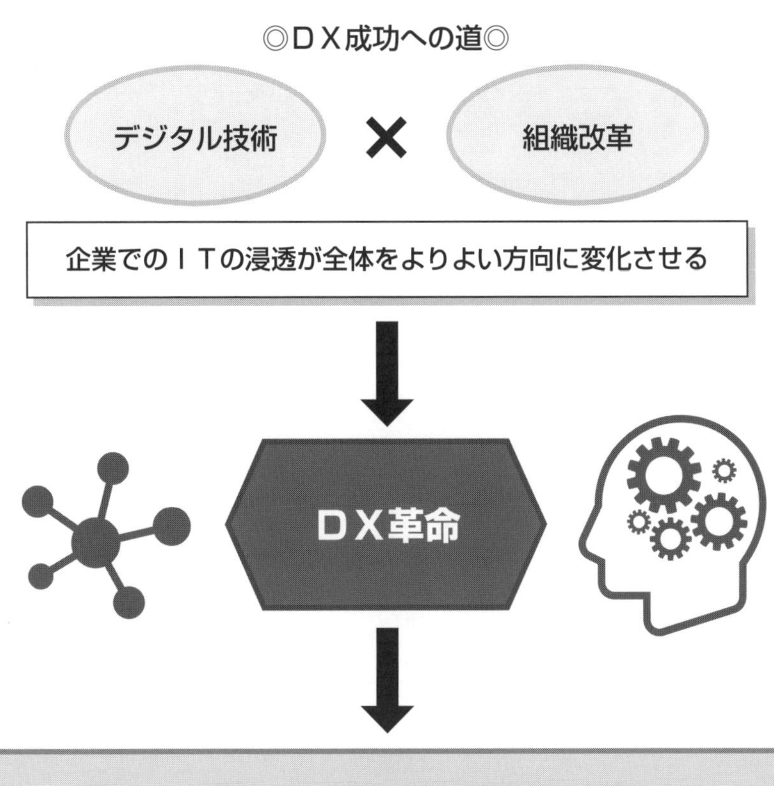

せん。現在が「ＤＸ時代」であるといわれるのは、時代の動きを的確にとらえた表現であると認識されたことで、企業の成功事例をＤＸという言葉で説明されることが増えたことが大きな理由です。ＤＸを、企業の成功の源のようにとらえた人も少なくないかもしれません。

しかし正確には、成功した根拠をＤＸで説明しているのであって、ＤＸしたから成功しているわけではありません。成功したといわれている企業は、明らかに2016年以前からデジタル改革に取り組んでいます。この本では、この認識をスタート地点としてＤＸ成功への道筋をたどってみたいと思います。

DXが現実味を帯びた日

DXは経営改革やビジネスモデルの変革を伴う

「DX時代」という言い方があるとすれば、経済産業省の「DXレポート」をきっかけとして動きが始まり、2020年以降のいくつかの動きをもってその具体的な現象であると説明できます。

なかでも、**デジタル革命**を起こしたいくつかの企業が大きな成功を産み出した事実は、社会を動かすのに十分なインパクトを与えました。

それ以前には、デジタル革命については、定義や動きは曖昧模糊としていて、何がDXで、何がITと違うのかは不明確でした。いまでも明確とはいえませんが、具体的なガイドラインが政府や民間企業から提案されて、より明確になってきたことがカギといえます。つまり、従来のIT導入とは違う、経営改革やビジネスモデルの変革を伴うという前項で示した概念に絞られてきたということです。

顧客体験重視の観点が必要

しかし、ITを使った経営改革、ビジネスモデルの変革には多くの事例があります。DXといわなくても過去に何度も起きています。DX革命の本質的な理解が難しいのは、過去との違いが説明できないからです。それがわからなくても、ビジネスが成功しさえすればいいわけですが、過去の歴史もひも解くことは大事であると考えています。企業をDX成功に導くためには、歴史を再認識すること、そして現在の事例を示すことが必須事項と考えています。

特に、過去と違う点の顕著な部分を1つあげるとすれば、「**顧客エクスペリエンス**」(**CX**)、すなわち**顧客体験重視**の観点です。

ビジネスモデルの変革であっても、CXを向上させていないものをDXとは認めない風潮は確かに存在しますし、DXで成功するにはCX向上をめざすべきであるという方向性は共通しています。

◎顧客体験重視はDX推進のカギとなる◎

ステップ1　自社における顧客価値とは何か？ よく考える！

いままでになかったような価値を
驚くほどのスピードで提供

ステップ2　顧客価値をIT技術で向上させる
➡ どのようにして提供する？

ステップ3　顧客との関係性を強固にすることに成功！

いままでになかった体験をDXで実現し、
顧客が企業に対して感じる
ブランド価値、企業評価、感情を向上させる！

もちろん、顧客重視の考え方は昨日今日に始まったものではありませんし、顧客満足度を高めるのは当然のこととして企業に根づいているはずです。しかし、DX時代に登場してくるCXは、過去の概念とはまったく違うといっていいほど企業と顧客の強固なつながりをめざしています。

ぼんやりとした概念でいえば、過去にいわれていた「企業と顧客の緊密な関係」というよりは、**「企業が顧客のなかに同化している状態」をつくり出す**、顧客そのものになっている状態をめざしていると表現できます。この具体論については後の章で触れていきます。

ＩＴ時代の幕開けとＤＸ

コンピュータが誕生してＭＩＳ、ＳＩＳが登場

ＤＸ時代になって、ＩＴを戦略的に用いて企業間競争を乗り切ろうとする動きが脚光を浴びています。

しかし、世の中にコンピュータが誕生する前から、コンピュータの力で経営を革新する時代がくるといわれていました。コンピュータが誕生して社会に広がるにつれてこうした動きは現実味をおび、1970年代にはコンピュータの利用によって経営を効率化することを目的とした**ＭＩＳ（経営管理情報システム）**の概念が盛んになりました。そして、1980年代後半から90年代初頭にかけて企業間競争が激化すると、**戦略情報システム（ＳＩＳ**：Strategic Information System）に発展していきます。情報システムは、企業の競争戦略を支援するために使われるようになったのです。

ＤＸにはＭＩＳ、ＳＩＳの概念が継承されている

ＭＩＳは、それまで人間がやっていたルーチンワークを情報システムの導入によってより効率よく行なうことをめざしていましたが、それがある程度功を奏したので、ＳＩＳではステップアップして情報システムを積極的、戦略的（競争優位性）に活用すべきであるという概念が起こります。もっと高度な業務にＩＴを活用すべきであるという概念は、古くからあったわけです。

高度な使い方というのは、経営のさまざまな要素を意味していて、必ずしも定まった考えではありませんでしたが、経営者の意思決定支援システムというように進化しました。コンピュータに意思決定という経営者の高度な思考を支援させるべきという思想は、半世紀前からあったということです。

とはいえ、さすがに当時のコンピュータの能力では人間の知能を肩代わりするのはとても無理でした。財務・会計の数字を処理する

◎DX革命は情報革命と何ら変わることはない！◎

経営にコンピュータを使おうという概念は、
コンピュータが生まれる前から存在している。

MIS（Management Information System）

経営管理情報システムとは、経営判断を行なううえで必要な情報を提供することを目的としたコンピュータ・システムのこと

最初は、手作業の計算自動化から始まったが、
技術の進歩とともにコンピュータの役割が拡大し、
事務処理から研究開発の自動化まで進化・拡大した。

過去から現在まで、そして未来まで、
コンピュータは自社内の合理化に寄与するであろう。
その戦略的な使い方（他社との差別化）も同様である。

**DX革命を推進するには、
必ずしもすべてを新しくする必要はない。
企業が体験した過去の教訓を活かすことが可能！**

ことがほとんどでした。マーケティングや販売促進にコンピュータを活用する発想はあっても、成功というには遠かった時代です。

ただいえることは、当時のMISやSISの概念は、いまでも有効に存在しますし、DXという新しい概念が生まれてきても、そこにはMIS、SISの概念が継承されているといえるのです。

ＤＸを支えるクラウド時代

ユビキタスの概念が現実のものになった?!

「ＤＸ時代」といえるためには、概念だけがあっても実現しません。1990年代には、「**ユビキタス**」の概念がもてはやされました。コンピュータやネットワークがあちらこちらにあって、使いたいときにいつでもどこでも利用できることを表わす用語でした。しかし、ブームはすぐに終了して誰もが忘れてしまいました。

ユビキタスは、当時は現実から遠く離れた存在であり、技術がまったく追いついていませんでした。しかしいま、そのときのユビキタスのイメージが現実になってきた感があります。

80年代には、インテルＣＰＵチップを搭載したパソコンが世に出て、90年代になるとＰＣが企業で広く使われるようになります。

ほどなくしてインターネットが普及し始め、1999年には世界で初めて携帯電話とインターネットを結ぶサービスとしてＮＴＴドコモの「iモード」が誕生します。携帯電話がインターネットにつながったことで、ユビキタスの世界観がぐっと現実味をおびるようになりました。

クラウド時代の到来からＤＸ時代へ

そして次に登場するのが「**クラウド時代**」です。インターネットが普及し、高速通信サービスが開始されると、クラウドサービスが登場して大量のデータ処理と蓄積が可能となりました。さらなる高速通信４Ｇ、高速演算ＧＰＵによる処理の高速化が実現して技術がＤＸを支えるまでに進化してきました。

概念に技術が追いついてきたのか、技術が新しい概念を普及させたのかについての結論を出す必要はなく、この関係を踏まえて**いま何をするのかを決めることが重要である**と考えます。

世界的にＤＸを支える技術が広まった時代になったので、政府や

◎ＤＸ時代に進化するまでの年表◎

年　代	代表的な事象	解　説
1970年代以前	大型計算機	経営に計算機を活用し始めた。企業の情報活用議論が盛んに。
1970年代	マイコン・ミニコン 黎明期	情報の処理スピードが上がり、計算機の活用による企業の差別化が始まる。
1980年代	ＰＣの普及期 ユビキタスのブーム	広くデジタル化・ネットワーク化した社会への展開。
1990年代	ＰＣが職場に浸透 インターネット普及	広くインターネットで情報のやり取りが可能に。業務のデジタル化が進み、企業データの蓄積も進んだ。
2000年代	クライアントサーバー モバイル端末の浸透	個人に紐づいたデータ利活用が可能な社会へ。携帯電話は携帯端末に変身。
2010年代	クラウドの時代 ＩｏＴの時代	高速通信網が浸透してＩＴ技術のバランスが整備され、大量データの蓄積が進み、処理の高速化も可能になった。ＤＸ時代の到来を予感。
2020年代	**ＤＸの時代**	**顧客体験重視。社内外のＤＸ化が注目に！**

企業がＤＸ時代にふさわしい組織づくりやビジネス変革を行なわなければならない、ということになります。

最近の新聞や雑誌などの論調は、ほぼこの内容一色のようにすら感じますが、現実的にはＩＴによる組織変革・ビジネス変革・人材育成については、ＤＸ対応といわなくとも昔から必要とされていました。強いて結論的にいえば、社会や市場の動きとＩＴ技術の強固な関係性を巧みに構築できるかどうかが、成功の原点であるということです。本書では、現実の課題とともに、普遍的に要求される能力やスキルについても解説していきます。

1-5

ＩＴ巨大企業とＤＸ

グーグル、アマゾン、フェイスブック、アップル…

技術の進化だけでＤＸを説明することはできません。技術を活かしたビジネスの進化も重要です。ビジネスでの成功があってこそ、ＩＴの勝ち組と呼ばれるのです。その象徴的な役割を果たしているのは、**ＧＡＦＡ**や**ＢＡＴ**などと呼ばれるプラットフォームを基盤としたビジネス展開をするＩＴの巨頭たちです。

ちなみに、ＧＡＦＡとは、Google、Amazon.com、Facebook、AppleというＩＴの巨大企業の頭文字からとった言葉であり、ＢＡＴとは、Baidu、Alibaba、Tencentという中国を代表するＩＴ企業の頭文字からとった言葉です。

アップル社の歴史は、あえて振り返らなくてもよく知られていますが、たとえばiTunesとiPodにより音楽業界に起こした革命的なサービスは典型的な事例です。音楽の楽しみ方は、エジソンが発明した蓄音機に象徴され、長くアナログの世界でしたが、ＣＤの登場でデジタルの世界が広がりました。

しかし、ＰＣが広がるとともに違法コピーが蔓延してコンテンツをばらまかれてしまいます。著作権を所有する人の頭痛の種でありましたが、音質の悪いコピーは音楽を楽しみたい人にも害でしかなく、誰も幸せにできなかった状態でした。

アップルはiTunesというしくみを提案して、誰でもどこでも質の高い音楽を楽しめて著作者にも収入をもたらすビジネスを成功させました。

アマゾンは、世界一大きな書店として認知され、街の書店の経営を一変させてしまいます。アマゾンに行けば、どんな本でも購入できるというビジネスの提案は世界の人に広く受け入れられました。

グーグルは、検索エンジンにより大きくなった企業ですが、地図

◎ＧＡＦＡはこうして大きくなった！◎

顧客体験（ＵＸ）価値を
飛躍的に向上させる

分析してさら
なる価値提供

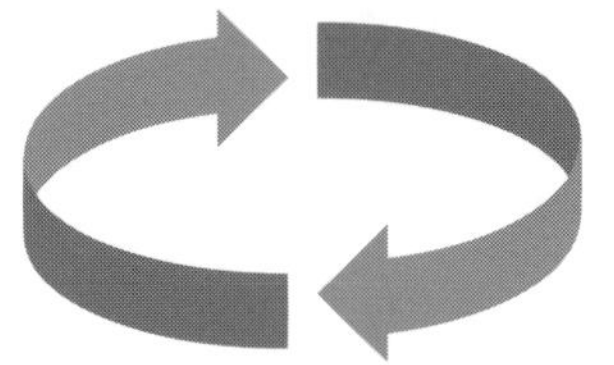

多くの顧客を
呼び込む

ビジネスの成功につながる

人がたくさん来れば大きな市場が形成される（当然）。
市場があれば経済は活性化する

大きな市場には着想や新技術が育つ

情報も無料、翻訳も無料にするなど、こんなに無料提供してもいいのかというほどサービスを拡充しながら、しっかりとしたビジネスとして成り立たせています。

フェイスブックは、人と人がつながりたいという欲求をＩＴの力で満足させていくビジネスモデルで大きくなっています。

既存のビジネスを大きく変える力は、顧客価値を高めたことによるものです。顧客の問題や楽しみをＩＴで解決するという図式による成功は、まさにＤＸ時代を予告させる事象です。以降に登場する多くのビジネスの成功は、ビッグなものばかりではありませんが、ＧＡＦＡの流れ（ＤＸの潮流）を継承しているものが多いのです。

1-6 社会の変化とＤＸ

１人ひとりのニーズに個別に対応していこう

社会に目を向けると、ＤＸ革命のポイントはいくつかあります。社会というのは人間の営みであり、その集団行動でもあります。そのような社会に対する変化は、地球環境問題や自然災害の発生が契機となり、世界規模に発展するケースが増えています。

ここ20年間に起きた問題には、地球温暖化、大地震・津波、コロナ感染、リーマンショックなどがあります。これらは一見関連はなさそうですが、世界の情報伝搬が速くなってきたために、以前に比べより大きな問題になりやすくなっているのです。

ＩＴは、上記のような世界的問題を受けて、明らかに進化しており、**その進化が社会的現象の原因になり、その現象から起こる結果に影響を及ぼしています（相互作用）**。

たとえば、コロナ感染という世界的現象は、リモートワークの進化を加速させ、朝にオフィスに行って仕事をし、夜に家に帰って休むことが普通の生活であると思っていたこと自体、そして、店に買い物に行って友だちと食事に行くことが普通であると思っていたこと自体を変えています。

ＤＸ社会というのは、こうして仕事とは何か、人間の楽しみとは何か、人のつながりとは何か、などすべてのことに影響を与えていますし、これからも与え続けていくのです。

ＤＸの登場は、もともとこうした社会現象がなくても、マス重視から個重視の社会へ移行しつつあった環境を加速させています。企業はこれまで「ターゲット層」をまず考えたうえで、多くの客の心を満たすことで成功を収めてきましたが、「ペルソナ」という「個人」の概念を想定することで、商品やサービスの開発を行なうようになり、その個人に合った媒体や表現で宣伝することを重視するように

◎ＤＸはマス・マーケティングから個別対応の考え方に◎

【顧客ニーズに対応するという意識】

ニーズは一般的に欲求から来るもので、従来からOne to Oneマーケティングやセグメントごとの個別施策の考えはあった

社会は常に変化し、進化し、
ＤＸ時代のニーズはずっと多様化してきている！
ライフスタイルや価値観などが重要視される

【代表的な価値観（sense of value）】

冒険心、勇気、愛、本物志向、バランス、美、職業
思いやり、教育、健康、誠実、感謝、笑い、忠誠
忍耐、尊敬、伝統、宗教、チーム、力、大きさ、明るさ
真実、希少性、汗、涙、苦労

なりました。

ＳＮＳによって個人の声が聞こえるようになり、ＧＰＳ技術によって人々の行動が見えるようになっています。ビッグデータを解析することで、個人向けにカスタマイズされたサービスの提供が可能となり、オーダーメイドビジネスも広がっているのです。また、そのような恩恵は決してビッグビジネスにだけもたらされるわけではなく、地方の零細ビジネスにも生き残る機会を提供しています。

ＤＸによる変革は、これから始まるので多くの課題も見つかるでしょうが、平等にチャンスをもたらす可能性を秘めていることを本書で示していきます。

1-7 ＤＸに対する日本産業界の動き

ほとんどの企業がＤＸ推進の加速化を考えている

日本経済は、世界的な変革を受けて、きわめて難しい時代になっています。一方で、ソフトウェア投資額については、例年のように前年比アップが維持されています。すなわち企業のトップは、業績が厳しいなかでも、ＤＸによる事業改革に向けて、進んでいかなければならないという決意を持っているのです。

多くの経済団体や研究機関は、アンケート調査などを通してトップ企業が注力している点として、感染症対策に続いてテレワークの推進、デジタル化投資の促進をあげる声が多いと報告されています(調査に回答した大企業の90％が「ＤＸ推進を加速化する必要がある」と回答したとの報告もあります)。

情報サービス業界は、コロナ禍以前から何年もの間トップクラスの伸びがみられますし、ＩＴ投資をＤＸの実現に向けて拡大させています。

この大きな原動力となっているポイントは次の２点です。

①ＩＴ化による社内改革推進は結果を残しているという事実

ＤＸを推進してきた先進的企業は、大企業ばかりでなく中小企業にも存在します。そういった企業が売上や利益の面でも、そうでない企業に比べて優位にあるというデータは過去にも幾度となく報告されています。そして、コロナ禍による働き方改革でリモートワークが一気に進んだなかでも、ＤＸ企業はいとも簡単に対応し、売上を増加させているという事実があります。

② ＤＸの推進がＳＤＧｓ達成への貢献になる

ＤＸを通じて国連の持続可能な開発目標（ＳＤＧｓ）の達成への貢献が重視されています。このＳＤＧｓの実現は、企業にとってはポストコロナにおいて以前にもましてめざすべき普遍的な道のりと

◎産業界はＤＸを経済・社会構造の転換のカギとみている◎

企業トップの言葉に現われるＤＸ推進の方向性は
「内なるＤＸ」と「外向けＤＸ」

企業トップは、お客様重視の考え方をとっているため、外向けＤＸ型、顧客体験型のコメントが多い。

内なるＤＸについては、企業内のあらゆる業務に対して実行を指示している！（たとえば、財務体質改善、研究開発の推進、データ活用、生産性向上など）

＝

期待感は、より社内ＤＸに向いている傾向が強い

トップが社内ＤＸを重視する理由

①社内ＤＸなくして社外ＤＸの成功なしと認識していること

②眠っている多くのデータを活用しきれていないこと（成功事例、商談データ、顧客データなどのデータ）

なっており、「新成長戦略」で示されるサスティナブルな社会実現、グリーン成長、地方創生につながっています。

ＳＤＧｓといわずとも、非対面・非接触をはじめとする「新しい日常」への動きが活発化するなか、企業による変革を目的とする投資拡大が続くことは間違いないところです。

ＤＸ時代の到来

ＤＸの本質をしっかりと理解しておこう

企業競争力の源泉は、知識やノウハウの活用が製品・サービスに反映できているかどうかにあります。情報処理技術、インターネット技術、モバイル技術などが社会に浸透し始めたことで、ＩＴによる効率化やサービスの高度化が、企業の競争力においてはきわめて重要な要素を担うようになってきました。

「○○時代の到来」とはよく言われますが、この「○○時代」というのは流行語として使われることが多くみられます。一時のブームとして使われ、いまは消えてしまったものもあります。

「ＤＸ」は、言葉としては新しくても、その本質的な動きはもともとあったものであることは、これまで説明してきました。現在のＤＸの成功事例となっている動きも、自社と顧客との接点をＩＴによって縮めようという試みが成功しているものが多いのです。

ＤＸという言葉が、一過性のもので消えるか消えないかの議論はあまり意味がありません。本書では、ＤＸがめざすべきこと、そしてなぜ重要性が増していて、どのようにして実践すべきなのかという本質を考えていきます。

本章では、その趣旨にもとづいて、時代がＤＸに乗り移ってきたプロセスを解説してきました。ＤＸは、昨日・今日急に出てきた概念ではなく、これまで何十年と議論されてきた理念や思想にもとづいています。したがって、ＤＸを推進することは必ず未来につながる道の上にあるといえます。

しかし、あまりにも多くの概念が**ＤＸの潮流に便乗してきた結果、何が本質であるのかが見えにくくなっている状態**です。本書ではそれを前提にして、理論や具体論、実例を示すことで、本質的な核の部分を見失うことなく前進できるように支援したいと思います。

◎ＤＸで未来を創る◎

【政府の動き】

●産業モデル創出の企画・立案
●産業創出・拡大に必要な横断ルールの策定
（プライバシー、サイバーセキュリティ、契約など）
▶大企業とベンチャー企業とのマッチング
▶特区等の活用の検討

＝

ポイントは「透明で開かれた政府」

●政府が持っている大量のデータが開示されていく状態
●中小企業は政府のデータを活用しやすくなっている
●かつて政府はＩoＴ時代を提唱
●ＩoＴが行きわたった現在はＤＸ時代に力点を移している
●日本においては政府の役割は小さくない

ＤＸの潮流⇒どうすれば未来につながるのか本書の提言

①政府の動きを含む、なるべく多くの事例を分析
②洞察力を持ち、広い視野でながめてアンテナを張る
③本質を見抜く力⇒本質的な部分を推論（仮説）
④推論にもとづきビジネスモデル案を創作
⑤決断して実行し、その結果を評価して逐次改善

さらにＤＸについては、政府が強力に推進する姿勢を見せています。模範企業を示して政府内でも実践し、一方で企業にもガイドラインを示して助成金などの制度で後押しする動きもあります。本書の内容を理解することと合わせ、政府や公共事業の動きをとらえておくことをお勧めしたいと思います。

COLUMN

歴史とＤＸ

ＤＸにおいては、顧客体験価値をテーマにして、さまざまな発想によるビジネス展開をするわけですが、ＩＴを駆使して体験価値を上げるというのは、ゲームの世界が常に最先端にあるといえます。

たとえば、ポケモンＤＸは実に巧みにリアルの世界とバーチャルの世界をつなぎました。

「蒙古襲来」をテーマにしたアクションゲームは、13世紀の対馬を舞台にして、蒙古に支配された対馬を生き残った侍が縦横無尽に駆け巡るゲームです。このゲームの映像やアイデアとして、現地の対馬の風景や歴史がリアリティをもって使われています。

取り立ててゲームは好きではないという人でも、映像に引き込まれて対馬を訪れる人が激増しているそうです。リアリティを産み出しているのは、いまでもしっかりと資料が残っている日本だからこそ成立しているのです。

これは、いいところに目をつけたなと感心してしまいます。ゲームがヒットすれば、それに付随するいろいろなものが商品となり、大きな市場となっていくのはよく知られています。脚光を浴びれば、地元の商店まで潤うという事例は、過去のゲームや映画のヒットからみても当然です。

でも、「蒙古襲来」の結果として、当時の日本刀が脚光を浴びて輸出が増えたことはあまり知られていません。日本では、この戦いで苦しめられた「てつはう」と呼ばれる爆弾の研究が進みましたが、敵対した中国や韓国の軍人たちは、日本刀の斬れ味に手を焼き、戦後はこぞって日本刀を発注してきたということです。

21世紀のいま、日本刀が脚光を浴びているわけですが、実は13世紀から多くの技術・技能が結集してできている芸術品といえる商品が日本刀なのです。ＤＸによる進化をこのようなことにまで読み取れるようになれば、仕事は一層面白くなることでしょうね。

ＤＸの正体とは何か

Digital Transformation

執筆◎荒川 清志

2-1 DXとは何か

ＤＸとは、これからの企業経営を支える必須の取組みです。本章では、まずＤＸの定義を簡単に整理し、そのうえで、主に中小企業の経営やビジネスに役立つものという視点からＤＸをとらえます。

ＤＸの定義

ＤＸには、それをとらえる立場や観点から、いくつかの定義が知られています（次ページ表を参照）。企業経営の観点から代表的な定義をみると、表現に違いはありますが、変革の対象となる項目はほぼ共通しており、ＤＸとは、**企業経営における、外部環境の変化、デジタル化、内部環境（経営資源：人的資源、組織、製品・サービス（提供方法・顧客体験））の変革、競争優位性の確立を踏まえて企業全体を総合的に変革する取組み**をいいます。

なぜ、いまＤＸなのか

スマートフォンなどモバイル端末を１人ひとりが持ち歩くようになるなかで、高速通信環境上でのネットへの接続が常態化しています。また、コロナ禍での働き方（テレワークなど）や非対面重視のコミュニケーション、在宅が長時間化し、社会的距離を保った生活・行動様式が特別なことではなくなりました。

こうした状況を背景に、ビジネスの環境（顧客・競合・自社の状況）において、デジタル化への対応が経営課題として重要になり、その成否が企業業績に影響する度合いが急速に高まっています。データの有効活用などＤＸの取組み次第で、業績の格差が拡大する様相が強まっています。

ＤＸの取組みは簡単とはいえませんが、民間企業だけでなく自治体など公共団体や教育機関などからなる社会全体としてデジタル化への対応が進みつつある現状は、中小企業や小規模事業者にとって、社会とともに変革を図る好機としてもとらえられます。

◎主なDXの定義やとらえ方◎

経済産業省	企業がビジネス環境の激しい変化に対応し、データとデジタル技術を活用して、顧客や社会のニーズをもとに、製品やサービス、ビジネスモデルを変革するとともに、業務そのものや、組織、プロセス、企業文化・風土を変革し、競争上の優位性を確立すること（「デジタルトランスフォーメーションを推進するためのガイドライン（DX推進ガイドライン）」2018年12月）
IDC Japan株式会社（経済産業省 DXレポートにもとづく）	企業が外部エコシステム（顧客、市場）の破壊的な変化に対応しつつ、内部エコシステム（組織、文化、従業員）の変革を牽引しながら、第3のプラットフォーム（クラウド、モビリティ、ビッグデータ／アナリティクス、ソーシャル技術）を利用して、新しい製品やサービス、新しいビジネスモデルを通して、ネットとリアルの両面での顧客エクスペリエンスの変革を図ることで価値を創出し、競争上の優位性を確立すること
エリック・ストルターマン教授，ウメオ大学（経済産業省DXに向けた課題の検討にもとづく）	ITの浸透が生活をよりよい方向に変化させる The digital transformation can be understood as the changes that the digital technology causes or influences in all aspects of human life.
日本経済団体連合会	デジタル技術とデータの活用が進むことによって、社会・産業・生活のあり方が根本から革命的に変わること。また、その革新に向けて産業・組織・個人が大転換を図ること（「Digital Transformation（DX）～価値の協創で未来をひらく～」2020年5月）
経済産業省（DXレポート2における解説）	企業が競争上の優位性を確立するには、常に変化する顧客・社会の課題をとらえ、「素早く」変革「し続ける」能力を身につけること、そのなかではITシステムのみならず企業文化（固定観念）を変革することが重要（「DXレポート2（中間取りまとめ）」2020年12月）

◎DX定義のポイントを比較：変革をとらえる項目は共通◎

変革の観点		経済産業省	IDC
外部環境		ビジネス環境の激しい変化	外部エコシステム（顧客、市場）の破壊的な変化
手段	デジタル化	データとデジタル技術を活用	第3のプラットフォームを利用
変革の対象	内部環境 経営資源：人的資源	業務そのものや、組織、プロセス、企業文化・風土を変革	内部エコシステム（組織、文化、従業員）の変革
	経営資源：製品・サービス（提供方法・ビジネスモデル、顧客体験）	顧客や社会のニーズをもとに、製品やサービス、ビジネスモデルを変革	新しい製品やサービス、新しいビジネスモデルを通して、ネットとリアルの両面での顧客エクスペリエンスの変革
目的	競争優位性	競争上の優位性を確立	価値を創出し、競争上の優位性を確立

DXは、できるところから小さく迅速に始めることが秘訣でもあることから、ただちに着手することが長期間にわたる経営資源の蓄積・持続的な成長につながります。

ＩＴ化とＤＸは何が違うのか

ＤＸはＩＴ化とまったく違うわけではないが…

ＤＸは、これまで唱えられてきた「ＩＴ化」とは何が違うのか？

この問いは誰もが抱く基本的なものです。しかし、少なくともこれから取組みを開始する段階では、ＤＸをＩＴ化とまったく違うものとして理解するのではなく、これまでのＩＴ化や経営支援システムの発展（ＭＩＳ、ＳＩＳなど）と整合的な取組みとして位置づけることができれば、ＤＸを進めていくうえでの支障にはなりません。

ただし、ＤＸはビジネスモデルの変革による競争優位性の確立をめざしています。これまでのＩＴ化の取組みをベースとして、費用対効果や人材・スキルなどの点で現実的にはＩＴ化の対象にはなりにくかった、売上に直結するビジネスモデルそのものまでも対象に含めた、企業経営全体を変革する取組みがＤＸです。また、顧客体験（次項で後述）をデータで把握・分析することにより、顧客価値の創造を図ることもＩＴ化との違いです。

ＤＸは、デジタル技術を組み合わせたりデータを活用したりする「Ｄ：デジタル化」を主な手段として、顧客体験やビジネスモデルの「Ｘ：変革」をあわせて行なう企業全体としての総合的な取組みです。ＤＸは、デジタイゼーションとデジタライゼーションのデジタル化の段階を踏まえての取組みになります。

デジタイゼーション 業務用のアナログ情報をデジタルデータに置き換えること（例：紙の書類を電子化して保管）

デジタライゼーション 自社の業務環境や業務プロセスをデジタル化してくこと（例：ＲＰＡを用いた定型業務の自動化）

ＤＸ 顧客接点のデジタル化によるビジネスモデルの変革など（例：チャットボットによる電話応対業務の高品質化・付加価値向上（応対データ活用））

◎ＤＸはデジタル化（Ｄ）と変革（Ｘ）◎

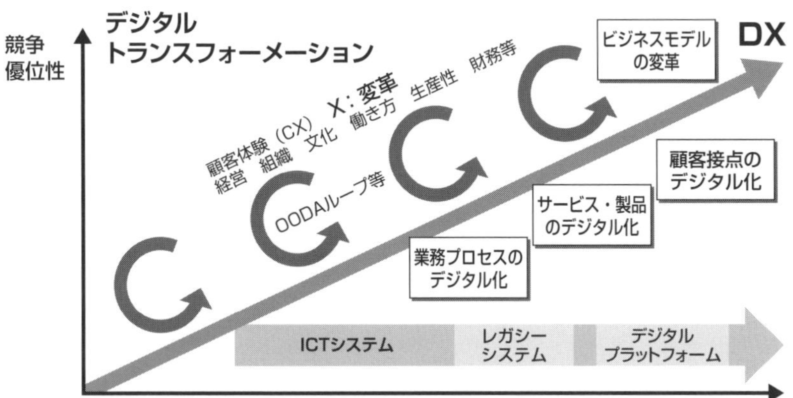

業務プロセスのデジタル化	紙書類の電子化、クラウド環境での共有によるペーパーレス化、ＲＰＡを用いた定型書類処理・管理業務の自動化
サービス・製品のデジタル化	提供サービスのオンライン化、製品のＩｏＴ化
顧客接点のデジタル化	チャットボット導入による24時間顧客対応、対応記録のＤＢ化、飲食店でのセルフオーダーシステムとしてのアプリ導入
ビジネスモデルの変革	ＤＢ化された顧客行動データの分析にもとづき、顧客価値を創造するビジネスモデル変革

◎経営支援システムの発展とＤＸ◎

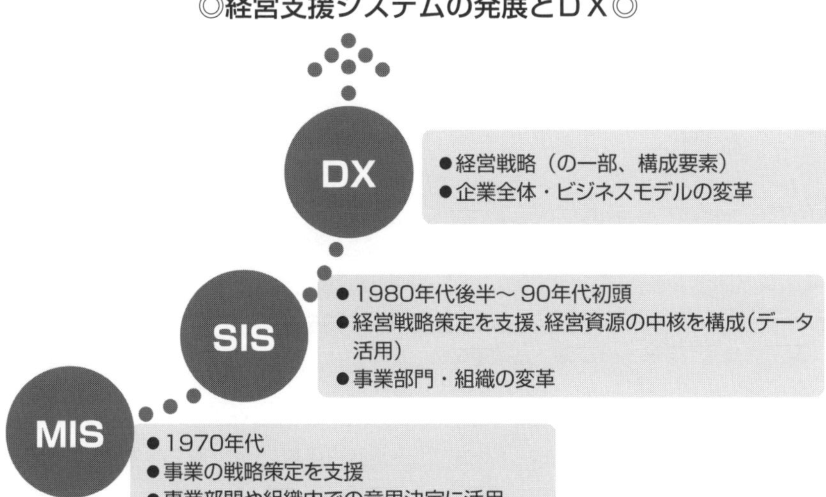

2-3 ＤＸがもたらした変化

顧客価値が重要に

社会のＤＸが進むことに伴い、企業の顧客や取引先との関係は、オンラインでつながっている状況が常態になってきています。企業は、顧客・取引先のサービスの利用状況や製品の使われ方をデータとして詳細に把握し、取引後の利用者の感じ方や使い心地なども考慮した分析にもとづいて、顧客の体験としての利用状況の改善を図ることが可能となりました。

最近では、消費者や生活者を対象とするビジネスに加え、企業対企業をも含む幅広いビジネスにおいて、顧客体験を継続的に改善したり、新たな顧客体験を提供したりすることによって、顧客価値を創造することが重要視されるようになってきました。企業が顧客に提供する顧客体験が重要になり、企業と顧客・取引先との関係性が大きく変化するなかで、より高い顧客価値を創造した企業が提供するサービスが顧客から選ばれています。

製造業であっても、製品を販売するだけでなく、販売後の製品の利用に焦点をあてたサービスの提供や、そのサービスを顧客に提供するしくみであるビジネスモデルが、業績に大きく影響しています。こうした変化は、消費者ニーズがモノからコトへとシフトしてきたことと相まって進んでいます（次ページ図を参照）。

以下は、ＤＸに伴って現われる代表的なビジネスモデルやその特徴です。

【プラットフォームとそのネットワーク効果】

ＤＸにより実現するビジネスモデルであるデジタルプラットフォームでは、提供されるサービスの利用者数や種類が多いほど顧客価値が大きくなるネットワーク効果が強く働きます。サービスの利用者数や種類が増加すると、その利用者を対象とするサービスが追加

◎顧客体験重視のビジネスモデルへ◎

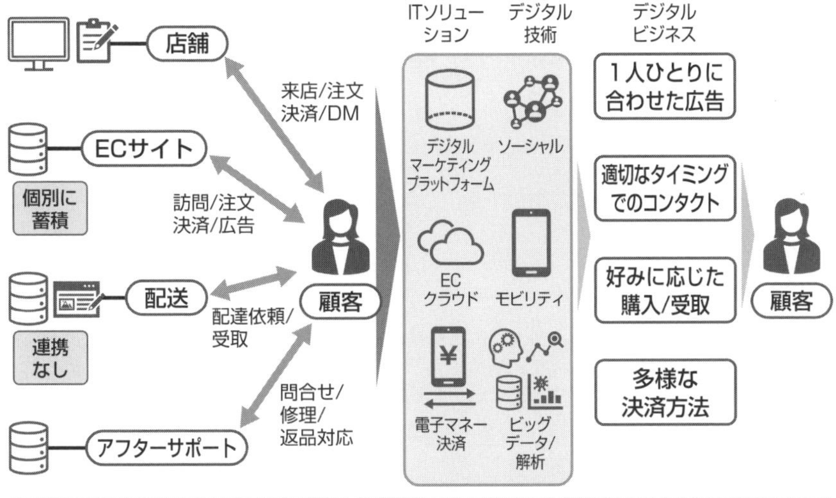

顧客：窓口ごとに連絡・確認が必要→窓口から適時適切に連絡あり
企業：窓口間で連携なし、機会損失→窓口間がデータで連携、顧客接点活用

的に提供されるようになり、プラットフォームを利用するメリットが増大して、さらに利用者の増大につながるというループが形成されるようになるからです。プラットフォーム構築の成功者は規模が急拡大した市場で支配的なポジションを確立することになります。

【所有から共有へ：シェアリングサービスの浸透】

シェアリングは、サービスの対象を共有することにより、需給のミスマッチを解消するマッチングサービスです。個人が所有する使われていないものを必要とする人に貸し出す、仲介サービスとして成長してきました。貸主は遊休資産の活用による収入、借主は所有することなく利用できるというメリットがあります。必要なとき必要な場所で必要なモノ（やコト）を必要なだけ使える利便性の高いサービスであり、無駄がなく脱炭素化社会の実現にも貢献が見込まれます。ＤＸの進展と共に、シェアリングの対象は拡大しており、民泊、スペース（空間）・遊休施設、車、衣類などのモノから、個人のスキルや手伝いなどのサービスにまでも広まっています。

2-4 ＤＸが変えたビジネスモデル

デジタル化が進むなかで、競合との差別化を図り、競争優位性を確立するカギとなる典型的なビジネスモデルの普及が進んでいます。代表的なものとして、以下の３つを取り上げます。

サブスクリプション

「サブスクリプション型」の取引は、モノを売ることで取引が完結する「売切り型」に対し、継続利用を前提としてサービスを提供するビジネスモデルになります。サブスクリプションでは取引の対象が継続利用され、利用者によって処分（廃棄）はされないことから、サーキュラーエコノミー（２－６項参照）とも関係したビジネスモデルです。

マスカスタマイゼーション

これは、大量生産と同水準の生産性で、顧客ニーズ（仕様や時期、量など）に応じた受注生産を可能とする生産方法です。デジタル技術で顧客の状況をよりきめ細かく把握し、必要に応じて設計にも反映させたうえで、高生産性との両立を図る生産方法になります。ＤＸは、大量生産の高生産性と顧客ニーズを満たす受注生産の、いわば「いいとこどり」を可能とする取組みともいえます。

D to C（Ｄ２Ｃ：Direct to Consumer）

Ｄ to Ｃとは、製造業者がＥＣサイトで直接、顧客に販売する方式（直販）です。ＥＣ（電子商取引）市場、なかでもスマホアプリからの取引額が拡大傾向を継続しており、製造業者にとってＤ to Ｃの重要性が高まっています。スマホアプリは個人とのつながりを直接築けることから、より詳細な利用状況を把握したうえでのサービス提供が可能になります。また、必要なサービスを提供することに加え、より充実した顧客体験を創り出すために、スマホが備える機能（カメラや決済など）と組み合わせたサービスもみられます。

◎サブスクリプションと従来の売切り型の違い◎

【サブスクリプション型】

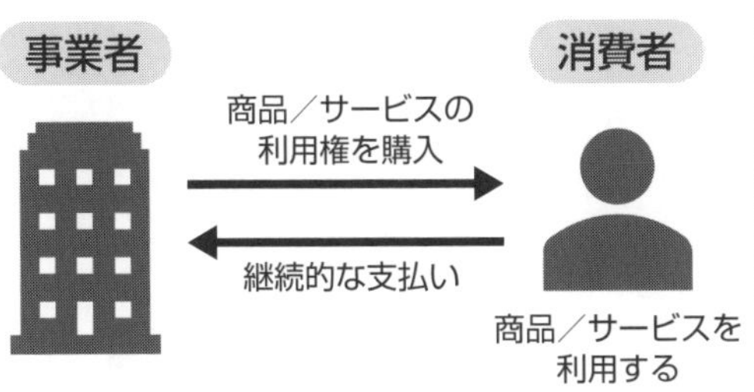

- 消費者は商品・サービスを利用
- 利用時（定期的）に代金支払い（定額課金）
- 導入されているサービス対象の例
  自動車、家電、家具、生活関連用品、化粧品、食料品、生活雑貨、コンテンツ、ソフトウェアなど

【売切り型】

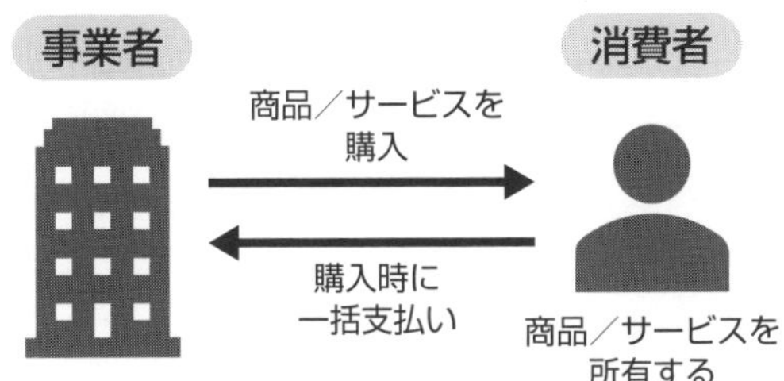

- 消費者は商品・サービスを所有
- 購入時に一括して代金支払い

◎マスカスタマイゼーションの例（消費者向け）◎

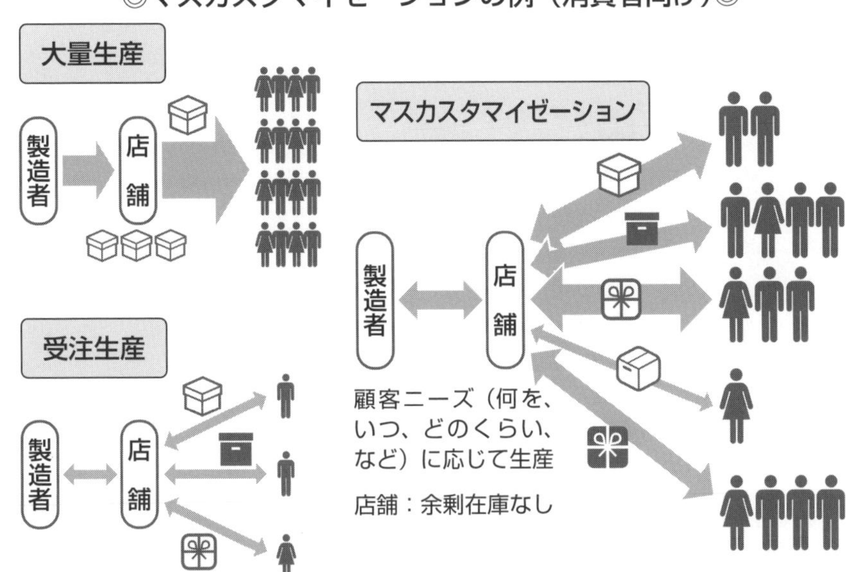

2-5 ＤＸが変えたビジネスモデルの例

代表的な例として、マッチングサービスを提供する米国企業である、ウーバーとAirbnbの事例を取り上げます。

ウーバー・テクノロジー（Uber Technologies, Inc）

ウーバーは、車で移動したいニーズがある利用者と車を運転するドライバーをマッチングさせるサービス（ライドシェア）です。ＧＰＳなどデジタル技術の活用により、車の利用状況がリアルタイムで把握され、スマホアプリ（世界で共通）などからの利用者のリクエストに応じて利用者が希望する場所に配車が行なわれます。

ウーバーは、タクシーに替わる低料金のサービスにとどまらず、運転手に加え外部のタクシーやハイヤー業者が登録する市場にもなっています。配車のデジタルプラットフォームを構築して規模を拡大して競争優位性を確立し、ネットワーク効果により市場で支配的なポジションを築き上げています。デジタル技術を活かして、新たな顧客体験の提供も行なわれています。

Airbnb,Inc.

空き部屋や不動産等の貸借をマッチングするAirbnbは、2008年に開始され、デジタルプラットフォームを構築しています。泊まる場所を提供したい人（ホスト）と泊まる場所を探す人（利用者）をつなぐサービスで、個人・法人を問わず利用でき、共用スペースから住宅、アパートやマンションの個室などまで幅広い物件が登録されています。外部業者の登録も可能です。

ホストと利用者間の信頼性を高めるために、過去の利用者による「レビュー評価制度」、写真入り身分証明書などから本人確認を行なう「ＩＤ認証」、利用者に起因する損害を補償する「ホスト保証制度」等の機能が導入されています。

なお、利用者・ホスト間の評価は双方向で、ホストから利用者へ

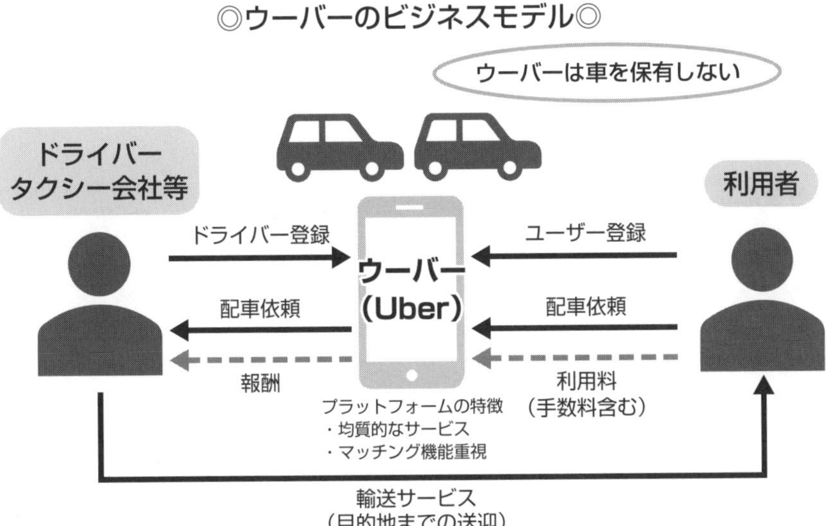

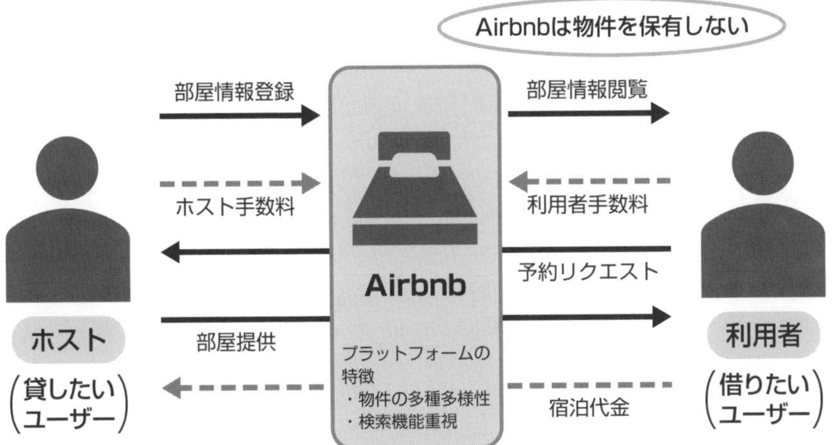

の評価も行なわれ、信頼性を高めています。また、ホストと利用者間の金銭のやりとりをAirbnbが仲介することで、ホスト・利用者双方が安心して取引できるしくみになっています。外部業者により、ホストから鍵を預かって利用者に貸し出すという、鍵の受け渡しを柔軟にした利用者の利便性を高めるビジネスも行なわれています。

ＤＸが促進する社会的な変化

ＳＤＧｓは「持続可能な開発目標」

ＳＤＧｓ（Sustainable Development Goals）は、2015年９月の国連サミットで採択された国連の開発計画「持続可能な開発のための2030アジェンダ」における2030年までの国際目標です。以下の17分野で持続可能な開発目標と169のターゲットを示しています。さらに「誰１人取り残さない（leave no one behind）」社会の実現に向け、途上国および先進国で目標達成に取り組むものです。

【17の開発目標】

①貧困、②飢餓、③保健、④教育、⑤ジェンダー、⑥水・衛生、⑦エネルギー、⑧経済成長と雇用、⑨インフラ、産業化、イノベーション、⑩不平等、⑪持続可能な都市、⑫持続可能な消費と生産、⑬気候変動、⑭海洋資源、⑮陸上資源、⑯平和、⑰実施手段

【ＳＤＧｓ実施のための主要原則】（ＳＤＧｓ実施指針改定版2020年12月）

普遍性	国内実施と国際協力の両面で率先して取り組む
包摂性	人権の尊重とジェンダー平等の実現をめざし、誰１人取り残さない
参画型	あらゆるステークホルダーの参画を重視、全員参加型
統合性	経済・社会・環境の三分野のすべてに統合的に取り組む
透明性と説明責任	取組み状況を定期的に評価、公表・説明

サーキュラーエコノミー（循環経済）

「サーキュラーエコノミー」とは、大量生産・大量消費型の経済（直線型経済）とは異なり、資源やエネルギーを再利用し循環的に活用して、消費や廃棄を抑制しつつ、持続的成長を可能とする経済のことです。ＳＤＧｓの目標達成にも貢献します。

ＤＸは、サーキュラーエコノミーを拡大する取組みです。資源の再利用を効率化するとともに、シェアリングやサブスクリプションの利用形態を拡大し、資源のさらなる有効活用を可能とします。欧州では、ＤＸによりデジタルプラットフォームを構築してサーキュ

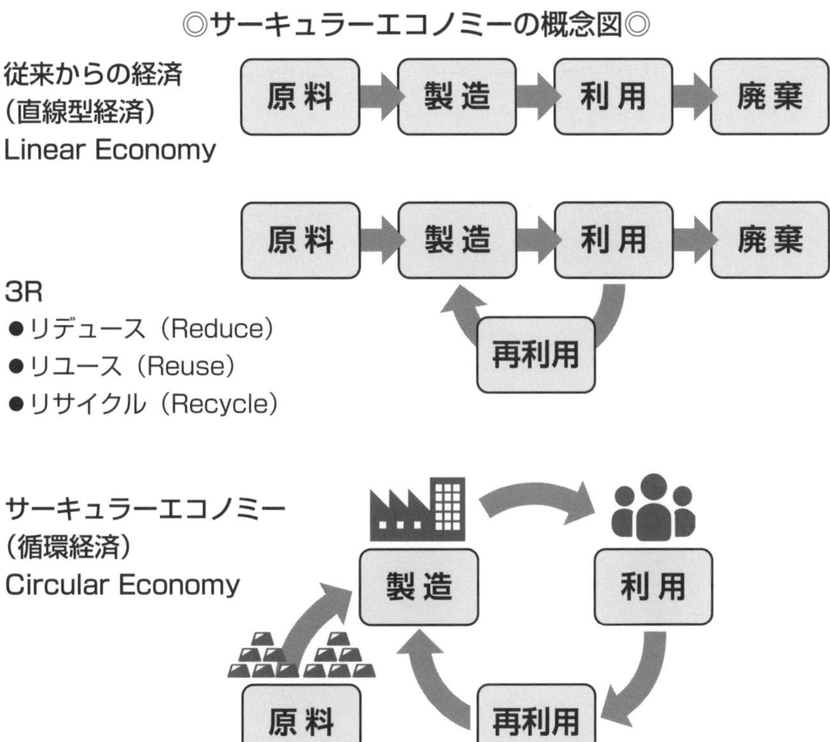

ラーエコノミーを推進し、持続的成長を図る企業が現われています。

ギグエコノミー

「ギグエコノミー」とは、インターネットを通じて短期・単発の仕事を請け負う新たな働き方やその市場・経済圏のことです。米国で拡大している働き方であり、多くのシニア層が活用しています。ＤＸでは、従来にも増して緻密なマッチングが可能となることから、個人の多様で柔軟な働き方に大きな影響を及ぼすと考えられます。

たとえば、企業におけるＤＸの進展により、業務の外部委託化の進行（企業・個人間市場の拡大）が見込まれることに加え、経営の意思決定を反映した要員計画までもＤＸの対象になることが考えられます。また、企業など団体と個人間に加え、個人間でスキルなどをマッチングする市場（個人・個人間市場）の拡大も見込まれます。

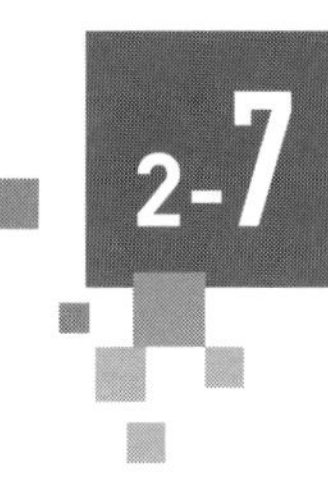

ＤＸのメリットとリスク①
守りのＤＸ

ＤＸは、企業の創意工夫によりデジタル技術のつながり・組み合わせや顧客との関係性を、企業全体として総合的に変革していく取組みです。その取組みは、自社の弱みを克服する「守りのＤＸ」と強みを磨き上げる「攻めのＤＸ」の２つに大別して考えることができます。

本項で「守りのＤＸ」、次項で「攻めのＤＸ」について、それぞれのメリット・効果とリスクをまとめます。

業務プロセスのデジタル化によるメリット

守りのＤＸでは、主に弱みの克服とし、業務効率化や生産性向上といった課題を解決するために、業務プロセスのデジタル化を進めます。

これにより得られるメリット・効果として、業務の見える化・ペーパーレス化、効率化、自動化、高速化、省力化、最適化が進むことにより、業務の低コスト化、時間短縮、高品質化など生産性向上の成果に結びつくことが期待されます。

また、守りのＤＸの取組みは、効率的な働き方による生産性向上を促進し、働き方改革の実現にも資するものです。資源の効率的活用促進により、脱酸素社会の実現に向けた取組みにもなります。

業務プロセスのデジタル化によるリスク

一方で、リスクとしては、業務プロセスのデジタル化を進めていくためには、社内全体での組織変革や体制づくりが必要であることから、それに伴う負担やコストが増えることがあげられます。

また、いったん取組みを始めても、技術革新や経営を取り巻く環境の変化のスピードが予想以上に速く、計画した取組みが陳腐化してしまうことなどが考えられます。

◎守りのDX（業務プロセスのデジタル化）によるメリット◎

- 生産性向上、低コスト化、時間短縮、高品質化
- 見える化、ペーパーレス化
- 効率化、自動化、高速化、省力化、標準化、最適化、組織化、共通化、自律化、無人化など
- 安全・安心の向上、脱炭素化への貢献、働き方改革の実現

◎守りのDX（業務プロセスのデジタル化）によるリスク◎

- 組織変革・体制づくりの負担・コスト増
- 技術革新のスピードの速さに起因する取組みの陳腐化
- データ管理体制（セキュリティ、個人情報保護等）（の徹底が必要）

◎業務プロセスのデジタル化によるメリットの概要◎

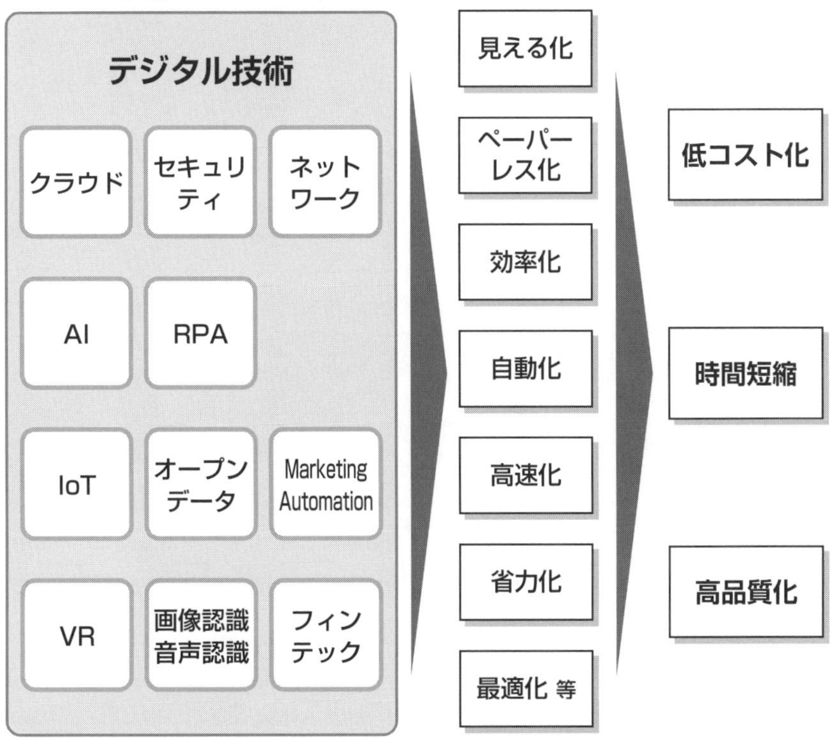

2-8 ＤＸのメリットとリスク②　攻めのＤＸ

顧客価値を創造するデジタル化によるメリット

攻めのＤＸでは、自社の強みや競争力を強化するために、顧客価値創造をもたらすためのデジタル化を進めます。その結果、顧客とのコミュニケーションが促進され、顧客接点の増加や多様化、顧客接点の状況把握の迅速化・即時化が進むことで、顧客ニーズの把握やシーズの顕在化・把握などが効率的に可能となることが期待されます。新たな経営資源となるデータの蓄積が進むこともメリットの１つです。

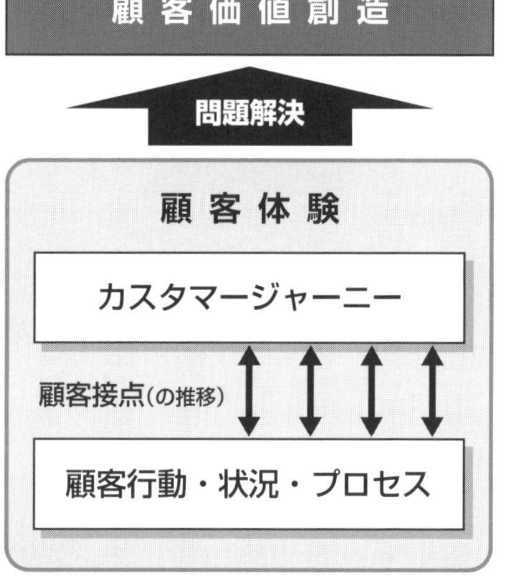

また、ＤＸへの積極的な取組みは、異業種を含めた新規参入者（ディスラプター）による機会喪失を防止し、自社の競争優位性の確立にもつながります。

顧客価値を創造するデジタル化によるリスク

攻めのＤＸのリスクの主なものとしては、反復的に迅速な対応を可能とする組織体制を構築するためには時間を要し、１回で終わる取組みではない（変革の継続が必要になる）ことから、費用対効果の評価が難しいことなどがあげられます。

また、経営の明確なビジョンやその共有が前提であり、経営の意思決定にもとづくビジネスリスクの負担を伴う取組みであることには留意が必要です。

◎攻めのＤＸ（顧客価値を創造するデジタル化）によるメリット◎

- コミュニケーションの促進
- 顧客接点の増加、多様化、活性化、強化、標準化など
- 顧客接点の状況把握の迅速化・即時化など
- 顧客ニーズの把握、シーズの顕在化・把握など
- 製品・サービスのデジタル化による変革
- 企業のイノベーション創出にとって課題となる深化・探索の促進
- ＤＸの成果の外部提供（外販）、共有化、プラットフォーム化
- 新たな経営資源となるデータ蓄積
- 脱炭素化・持続的成長への貢献
- 新規参入者（ディスラプター）に起因する機会損失防止、競争優位性の確立

◎攻めのＤＸ（顧客価値を創造するデジタル化）によるリスク◎

- ビジネスリスクの負担
- スキルが必要になる、反復的に迅速な対応を可能とするためには時間を要する、１回で終わる取組みではない（変革の継続が必要になる）、ことなどから、費用対効果の評価が難しい
- 明確なビジョンが前提。経営者と従業員間での共有の程度が成果に影響する
- 最適な組み合わせやつながりに到達することは簡単ではない
- データの管理体制（セキュリティ、個人情報保護等）（の徹底が必要）

2-9 デザイン思考とＤＸ

ＤＸの取組みでは、多岐にわたるデジタル技術をつなげて活用したり、その活用によって得られるデータを蓄積して分析したりすることによって、顧客の体験がよりよいものになるように、継続的に改善していくことが重要な課題となります。

デザイン思考は、顧客体験についての問題解決を図るために有力な手段になります。

デザイン思考とは

「デザイン思考」とは、顧客を重視して、顧客の体験が顧客価値を創造するものになるように、問題発見・問題解決を図るための考え方です。

一連の顧客体験（「ジャーニー」と呼ばれます）の観察や顧客との共感（エンパシー）を重視し、顧客体験についての洞察を得るための思考法として体系化されています。その過程では、ブレーンストーミングやプロトタイプの作成（試作）などが行なわれます。

ＤＸで取り組むビジネスモデルの変革には、イノベーションの創出が伴います。デザイン思考は、試行錯誤の繰り返しを重視する哲学にもとづき、イノベーション創出に役立つものとして注目される思考法です。デザインを認知する過程をとらえる思考法の１つとして、暗黙知を具体的に表現して形式知化する方法と考えられています。

ＣＸとＵＸ

「ＣＸ」（カスタマーエクスペリエンス）と「ＵＸ」（ユーザーエクスペリエンス）は、ほぼ同義で用いられることも少なくありませんが、区別する場合には、ＵＸは製品やアプリの利用者を想定しており、ＣＸは企業としての顧客を対象としています。

◎デザイン思考において重視されるプロセス◎

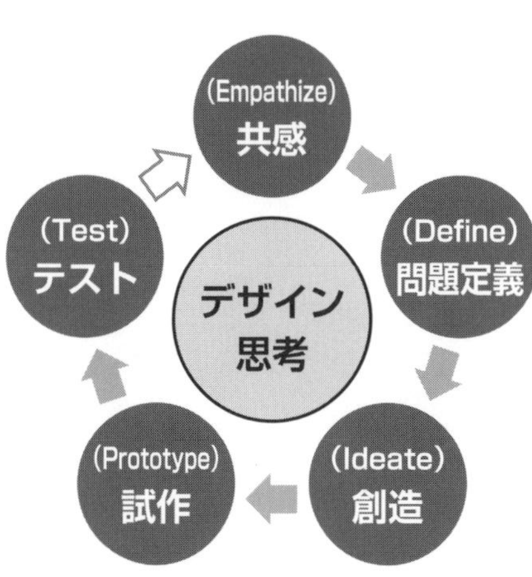

<デザイン思考のプロセス>
状況に応じて繰り返し行なわれます。

【Empathize（共感）】
顧客に寄り添い、観察・共感することで、顧客の考えやニーズを探る。

【Define（問題定義）】
調べたことをもとに、顧客の真のニーズを洗い出し、問題を定義する。

【Ideate（創造）】
定義した問題に対し意見を交わし、具体的にどのようにアプローチするか検討する。

【Prototype（試作）】
アイデアをもとに試作品をつくり、機能性や効果などについて検討する。

【Test（テスト）】
顧客に実際に使用してもらった結果を検証し、改善点を探り、最終的な解決をめざす。

◎ＣＸ、ＵＸの関係◎

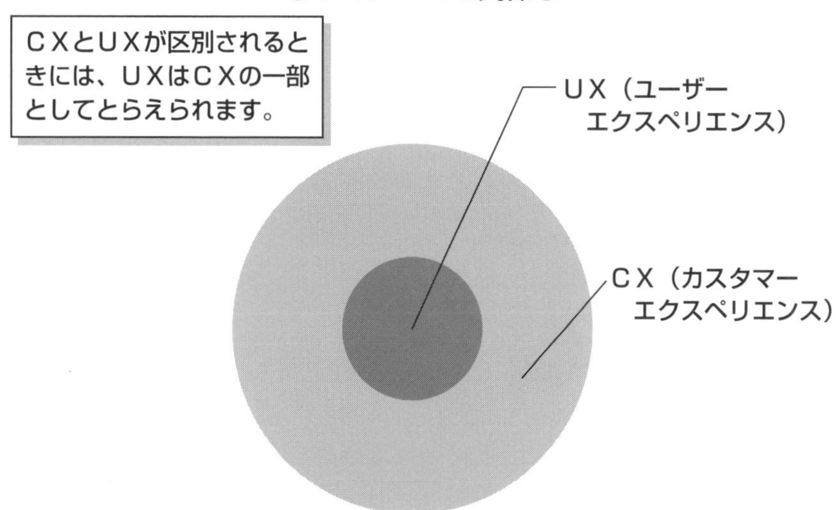

中小企業における経営革新とＤＸ

連携を重視したＤＸの取組み

経営環境が大きく変動し、不確実性を増すなかで、ＤＸは中小企業が経営を革新する強力な手段として位置づけられるものです。

中小企業は、迅速な意思決定により機動的な活動を実施しやすい、という本来の特徴があります。この特徴が活かされているとすると、ＤＸに必要とされる迅速さ（アジリティ）はすでに備えていることになります。

ビジョンを明確化し、その共有を徹底して、試行錯誤の繰り返しを重視するデザイン思考などの考え方に柔軟に対応すれば、ＤＸは現実的な取組みの対象になります。

その際、ＤＸはデジタル技術や顧客との関係性において、つながりや組み合わせを重視した共創の取組みになります。自社の強みの磨き上げと同時に、地域やコミュニティとの連携も含め、コミュニケーションの強化・円滑化による連携を通じたスキルの強化や相互補完を図る企業文化の醸成も重要となります。

価値観の多様化とビジネスの多様化

また、デジタル技術を活用したＤＸは、従来以上に顧客に近いポジションをとり、顧客価値を高めることを可能としています。中小企業や小規模事業者は、従来から顧客に寄り添って差別化を図ってきた場合が多いことから、ＤＸの活用により、これまでにはできなかった方法で強みをさらに磨き上げ、顧客に一層寄り添うことが可能になります。

顧客の価値観には多様化がみられることから、多様化した価値観に寄り添うビジネスモデルを強化する変革を図ることにより、多様な価値観に応じて競争優位性の確立を現実的にめざすことができます。

◎連携を重視したＤＸ◎

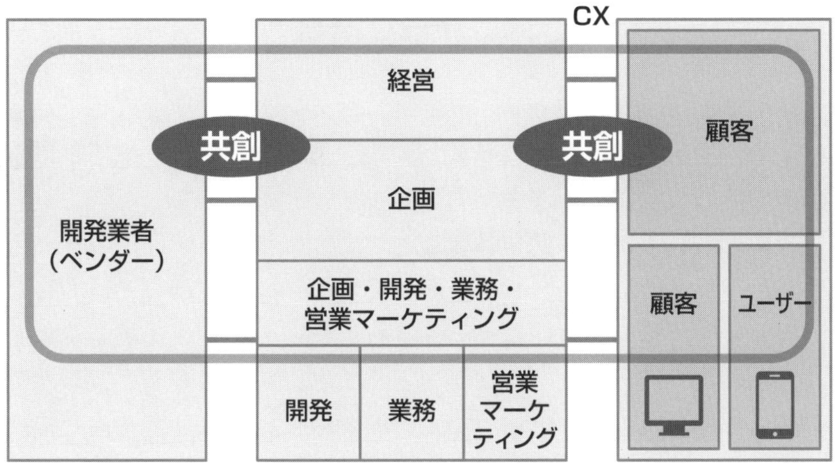

◎価値観の多様化とビジネスの多様化◎

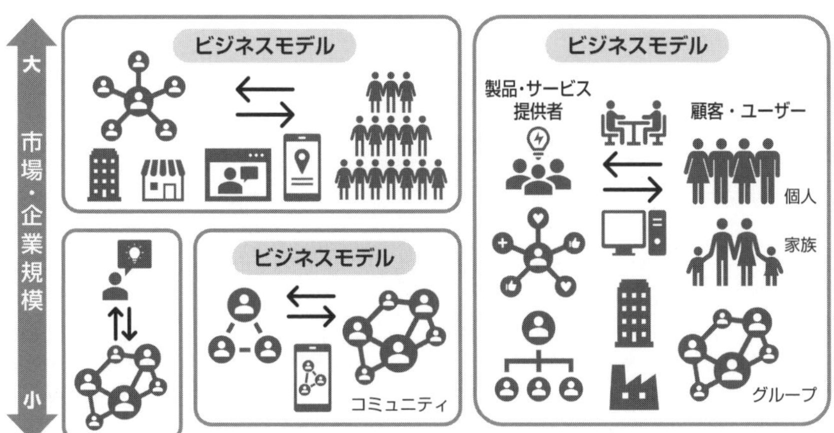

COLUMN

Ｏ２ＯからＯＭＯへ

ＯＭＯとは、「Online merges with Offline」の頭文字を表わした短縮形で、オンラインとオフラインの融合を意味しています。主に小売業で用いられることが多い考え方です。

企業は、ＤＸによる競争環境において、顧客体験を反映した利用状況をデータで把握・分析し、顧客価値の創造を継続していくことになります。その過程では、どうすれば顧客の利便性が高まるかをはじめとして、日常生活のなかでどうすれば顧客にもっと楽しんで利用してもらえるかなどについての仮説や検証を繰り返し、その結果を反映して改善したサービスを顧客に提供します。

その際、顧客にとっては、ＥＣサイトからの購買などオンラインを通じた顧客体験も、店舗での購買などオフラインによる顧客体験も、購買時の顧客の状況にふさわしい顧客体験になっているととらえることで、顧客価値の創造につなげていくことができます。それぞれ異なる顧客接点の特徴を踏まえたうえで、一連の顧客体験（ジャーニー）として把握することが重要という考え方です。

一方、Ｏ２Ｏ（Online to Offline）は、Web上のＥＣサイトやアプリから、実店舗への誘導を図るマーケティング手法です。ＯＭＯでは、オンラインとオフラインを区別することなく顧客体験をとらえている一方、Ｏ２Ｏでは、オンライン上での施策により、実店舗に顧客を誘導し、購買を促進することを狙っています。

【OMO】

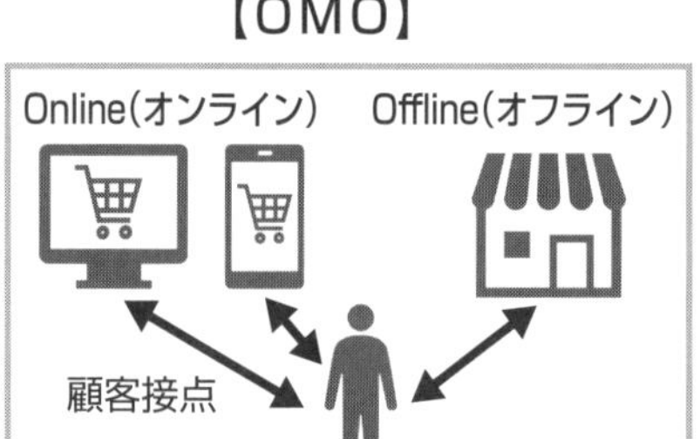

【O2O】

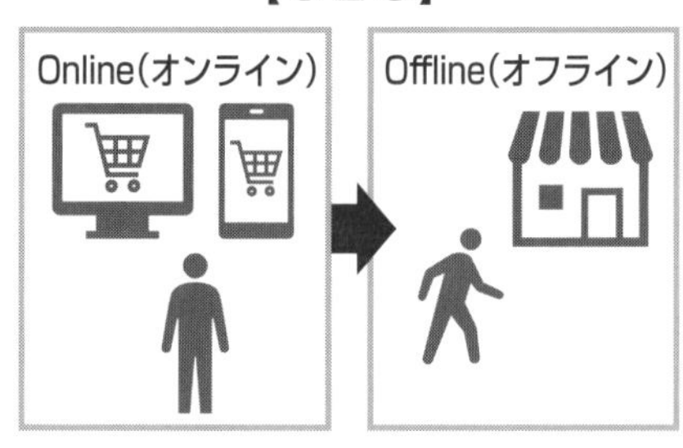

3章

ＤＸを支える技術にはどんなものがあるか

Digital Transformation

執筆◎湯山 恭史

ＤＸはさまざまな技術によって支えられている

デジタル技術を４つに分類してみると

本書の冒頭で述べたように、ＤＸは「企業がデジタル技術を駆使して、組織やルールを抜本的に見直し、顧客価値を革新的に高めるビジネスモデルを確立すること」で、さまざまなデジタル技術によって実現されるものです。

本章で解説する技術の見取り図を右ページに載せました。本章では、さまざまなデジタル技術を以下の４つのジャンルに分類します。人工知能（ＡＩ）やMarketing Automation（ＭＡ）などはそれ自身が大きな分野の技術なので、複数のジャンルにまたがっていますが、本書ではそのうちのいずれかのジャンルを選んで解説していきます。

①行動や思考過程の自動化技術

組織やビジネスモデルを変革するために、業務プロセスをデジタル化し、自動化する技術です。従来から、生産管理システムや会計システム等、社内業務の効率向上を図るものはありました。

最近では、企画・分析など考える業務を自動化するＡＩや、どうしても残ってしまうペーパーワークを自動化するＲＰＡ等が注目されています。

②顧客との関係を改善する技術

このジャンルは、ＤＸの肝になるものです。製品の提供そのものあるいは、顧客への各種サービスをデジタル化することで、顧客へ価値を提供する方法を抜本的に変えるものです。

このジャンルの中核には、Marketing Automation（ＭＡ）と呼ばれる技術があります。これは、ＩＴを活用することで顧客データを網羅的に把握したうえで、デジタル化されたマーケティング手法を駆使して、顧客目線で最適な提案を行なうものです。

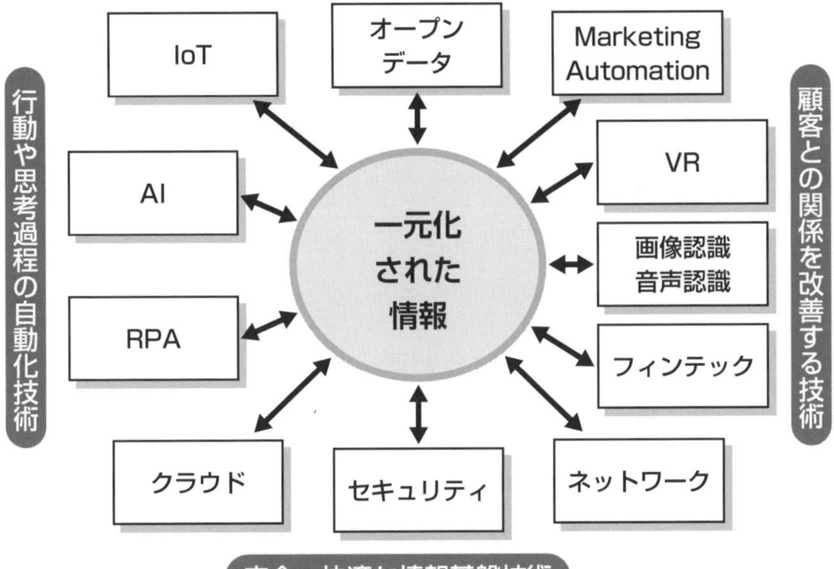

③多種多様なデータを収集する技術

ＭＡでは、顧客の行動来歴などを網羅的に収集することができますし、ＩｏＴを活用すれば現場の情報をセンサー経由で即時かつ大量に収集することができます。

また、人口動態などのマクロ情報や気象データなど、官公庁のデータもオープンデータとして活用しやすくなっています。

これらの技術により多種多様で高精度なデータを収集することは、顧客へ提供するサービスの品質に直結し、重要な課題です。

④安全・快適な情報基盤技術

これまで述べてきたものは、ソフトウェアあるいはデータとしてクラウド環境に置かれていることが多いです。これらを安全・快適に実行するには、高速のネットワークや顧客情報を保護できるセキュリティなどの情報基盤技術が重要になってきます。

ＡＩ（人工知能）

現在はＡＩの第３次ブーム

ＡＩ（Artificial Intelligence：**人工知能**）は、人間の思考過程を自動化しようとするもので、碁や将棋の高段者を破ったり、診察の大変難しい病気を言い当てたり、といったニュースが毎週のように流れています。

近年、ＡＩは大変な盛り上がりを見せていますが、ＡＩは1950年代から研究されている歴史のある技術です。何度か盛り上がりと停滞の時代を経て、現在は第３次のブームです。第３次のブームを迎えたのは、**機械学習**あるいは**ディープラーニング**という技術が現われたためといわれています。この技術により、コンピュータが自分自身で知識を蓄積して賢くなる道が拓け、圧倒的に応用分野が広がりました。

ビジネスの世界への応用も、需要予測や来客数予測などをもとに生産や仕入れなどの企業活動を最適化するもの、掃除機や洗濯機にＡＩを搭載して商品の付加価値を上げるもの、自社サイト来訪者の特性・購買履歴に合わせたお勧め（リコメンデーション）を出して顧客関係を強化しようとするもの、さらには熟練技能者の溶接技術を学習させたロボットを工事現場に配置して、深刻化する人材不足に対応しようとするものなど、どんどん広がっています。

以前は、ＡＩを利用するためには高性能のコンピュータとレベルの高いソフトウェア技量が必要でしたが、大幅なコンピュータの性能向上によって、ＰＣでもＡＩ利用が可能になり、さらに大手のクラウドベンダーやメーカーが、簡単かつ安価に利用可能なクラウドベースのＡＩを公開したことで、利用のハードルは大幅に下がってきています。現在では、いま使っているＰＣから無料で簡単に、ＡＩを体験することができます。

◎人工知能の研究開発の歴史◎

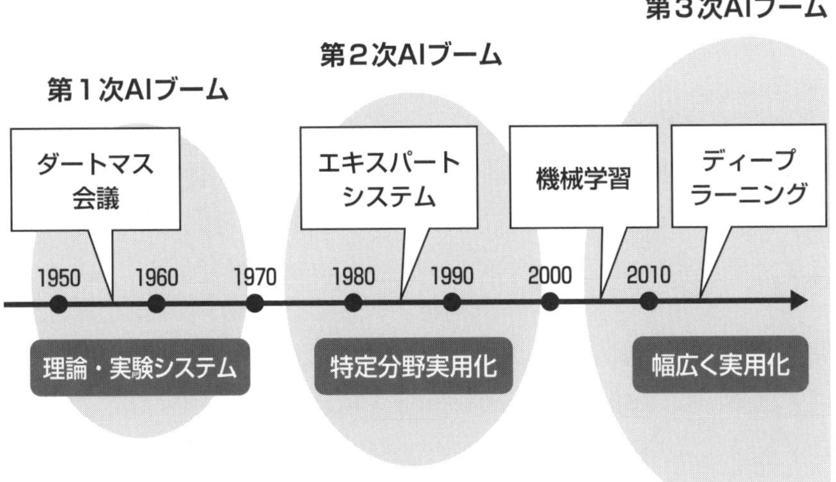

◎需要予測ＡＩシステムとは◎

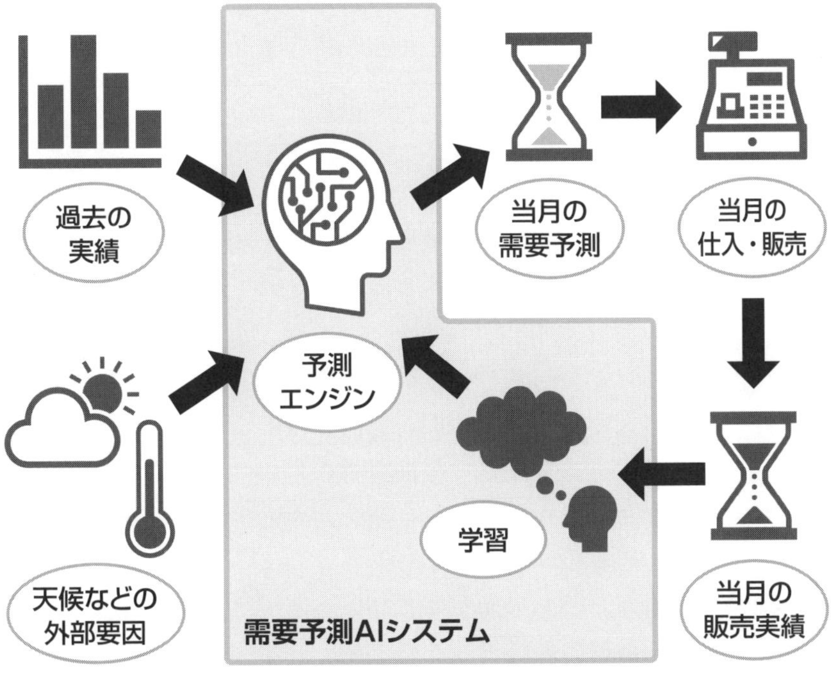

過去の
実績

予測
エンジン

当月の
需要予測

当月の
仕入・販売

天候などの
外部要因

学習

当月の
販売実績

需要予測AIシステム

3-3 RPA

小規模で定型的な業務に向いている

ＲＰＡ（Robotic Process Automation）は、システム間の転記や紙の資料からの入力など、ＩＴ化が進んでも残ってしまうペーパーワークを自動化するものです。10年ほど前から登場しましたが、ここ数年、大変な盛り上がりを見せています。2017年から2020年までに市場規模が４倍、さらに今後、2023年には市場規模が1,500億円（現状の２倍）に増大していくという調査結果もあります。

ＲＰＡを使うためには、ペーパーワークの手順をロボットに教え込む必要があります。これには、人間がやって見せるレコーディング方式、フローチャートを使って図形で入力する方式、一般のプログラミングと同様にスクリプトで入力する方式があり、それぞれ一長一短があります。多くのＲＰＡツールでは、これらの方式の組み合わせが可能になっています。

ＲＰＡを適用する業務例は右ページ表のとおりで、比較的小規模で定型的な業務に向いています。これは、業務専用にプログラムを書いてＩＴ化する方法と比べ、処理スピードは遅いものの、簡単に自動化できるというＲＰＡの特質を反映したものといえそうです。

また、ＲＰＡの導入については、全社導入型と部門導入型があります。全社導入型は、本社が音頭をとって導入を進め、推進担当部署や責任者を決めてトップダウンで各部門に展開していく方法です。

一方、部門導入型は、現場の問題解決のために部門主導で導入を進めるもので、ボトムアップで展開が進むものです。ノウハウの横展開やしっかりとした運用管理といった面からは、全社導入型に分がありますが、現場のニーズをしっかりとらえるという面では部門導入型に分があり、どちらかが優れているというものではありません。導入目的や会社の組織構造を踏まえて判断すべきことです。

◎RPAへ業務を教える方法◎

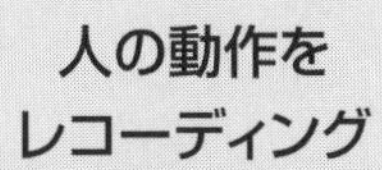

手順をチャートで書く

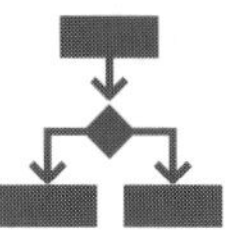

手順をスクリプトで書く

手順を記憶

◎RPAを適用する業務例◎

経理部門	売掛・入金業務
	買掛・支払業務
	資産管理業務
	交通費確認業務
人事・総務部門	過重労働管理業務
	人事考課業務
	経営向けレポート作成業務
営業・販売部門	販売状況調査業務
	定期販売商品の見積作成業務
	メール受注業務
	WebEDI受注業務
購買・倉庫部門	メール発注業務
	WebEDI出荷業務

◎RPAの導入形態◎

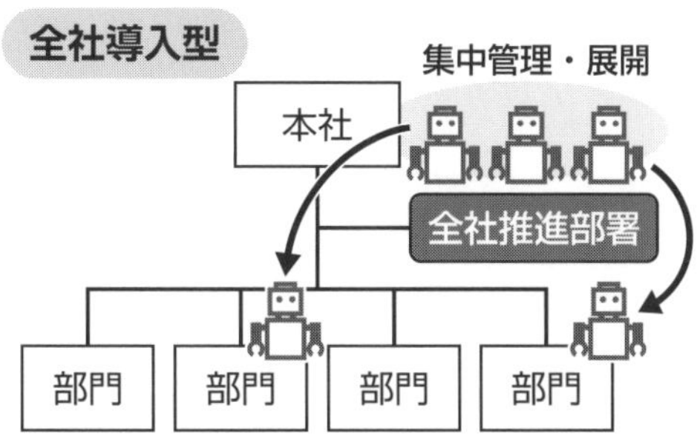

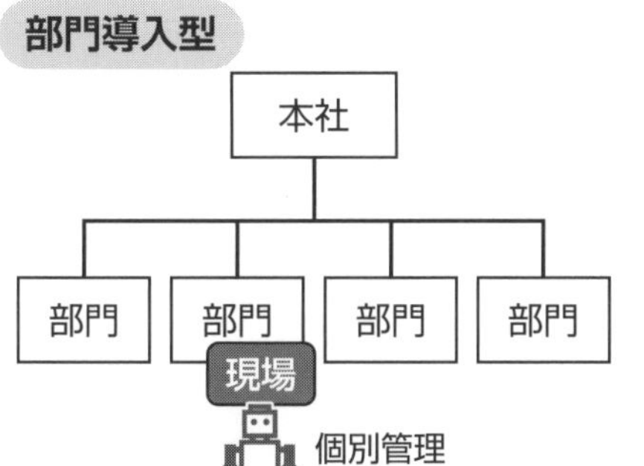

3-4 ＭＡ

ビッグデータ・ＡＩ等と連動して高機能化

ＭＡ（Marketing Automation）は、顧客情報を収集・活用して、新規顧客の獲得や顧客関係の改善施策を実行する、**ＤＸの最重要技術の１つ**です。

ネット販売を始めとする多チャネル化、顧客要望の多様化・個別化などの市場環境の変化を受け、顧客関係のデジタル化が強く望まれています。ＭＡは、Webや実店舗での行動履歴、顧客属性等の広範な顧客データを収集・分析し、適切なメール配信やキャンペーンなど、さまざまなチャネルを利用したマーケティング施策を実行していきます。

ＭＡは1990年ごろに米国で誕生し、2000年ごろからクラウドサービスの進展を追い風に米国で導入が進みました。日本で導入が本格化したのは2010年以降で、現状でも普及途上にあるといえます。昨今は、ビッグデータ・ＡＩ等と連動して高機能化が進んでいます。

営業活動を支援するものには、**ＳＦＡ**（営業業務自動化）や**ＣＲＭ**（顧客関係管理）などのシステムがあります。ＭＡは、その前段階にあるマーケティングフェーズ、具体的には見込み顧客の獲得・育成を対象にしています。ＳＦＡやＣＲＭの導入企業がＭＡを導入する場合は、これらのシステムとの接続性を考慮すべきです。

また、いずれのシステムも導入していない場合は、マーケティングから営業に至る業務プロセスを俯瞰して、どの部分からデジタル化するべきかを検討して、ＭＡ、ＳＦＡ、ＣＲＭの導入を決めていくとよいでしょう。

マーケティングや営業活動のデジタル化に現状との大きなギャップを感じる企業も多いと思います。新たな商品やサービスの事業化を計画している企業では、新事業を対象にマーケティング・営業活

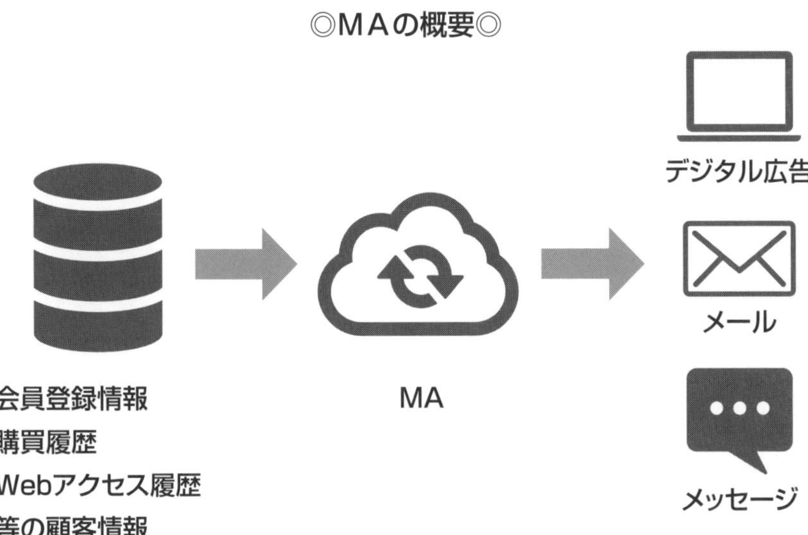

◎顧客獲得のプロセスとMA◎

見込み顧客の獲得と育成	見込み顧客のリアル顧客化	顧客関係の維持・優良顧客化
オンライン施策 ●ホームページ ●リスティング広告 ●SNS　など **オフライン施策** ●展示会・セミナー ●広告・DM　など	**営業活動** ●商談記録 ●案件管理 ●情報共有 ●パイプライン管理 など	**顧客満足向上** ●アフターサポート ●コールセンター ●新規情報提供 ●カタログ送付 ●メールマガジン など
MA	SFA	CRM

動のデジタル化を先行的に行ない、ＭＡ、ＳＦＡ、ＣＲＭを段階的に展開する方法が現実的な選択といえるかもしれません。

3-5 VR

アイデア次第でいろいろな仮想体験サービスができる

ＶＲ（Virtual Reality：**仮想現実**）は、人工的につくられた仮想空間を現実かのように体感させる技術で、視覚・聴覚・触覚などを同時に刺激することで仮想空間での臨場感を与えます。

ＶＲを活用すると、これまでできなかった仮想的な顧客体験を提供することが可能になります。工事現場の安全教育で、あり得ない危機的な状況を仮想的に経験してもらって、安全意識とスキルを醸成するものや、海外旅行が思うままにできない人たちに、仮想的な名所めぐりや散策を経験してもらうサービスなどが実用化されています。

アイデア次第で、いろいろな仮想体験サービスができるので、今後も面白いサービスが続々と出てくるかもしれませんね。

また、ゲームの世界で実写の風景にアニメのキャラクターを重ね合わせるものがありますが、こういった現実と仮想の世界を混合させた技術は、**ＭＲ**（Mixed Reality）と呼ばれています。

コンテンツの作成が重要

ＶＲが映画・ゲーム、そして産業界で応用が急速に広まっているのは、コンピュータグラフィックスの進歩に加え、ハードウェアの高性能化・小型化が大きな要素です。特に、ＧＰＵと呼ばれる画像処理用のプロセッサＬＳＩの性能が飛躍的に向上し、高度な画像処理が実用的な時間内で実行できるようになっています。

これと、いまでは１万円を切る値段で手に入るようになった**ＶＲゴーグル**によって、アイデアさえあれば簡単・低価格で仮想体験サービスを開始できる時代になってきました。

ＶＲを活用して、新たな顧客体験を提供するためには、上記の機器を含めたシステムに加えて、コンテンツの作成が重要な要素にな

◎ＶＲの活用例◎

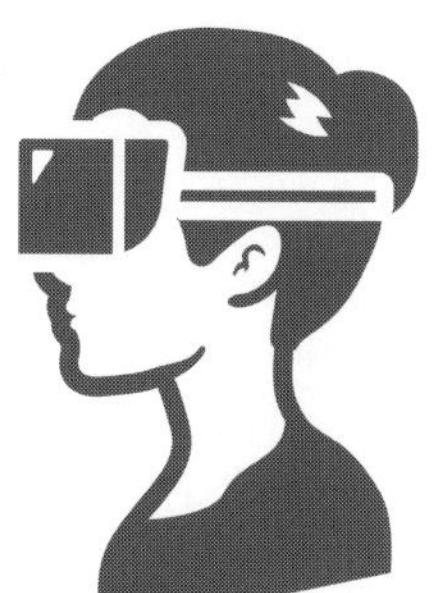

◎ＶＲを構成するもの◎

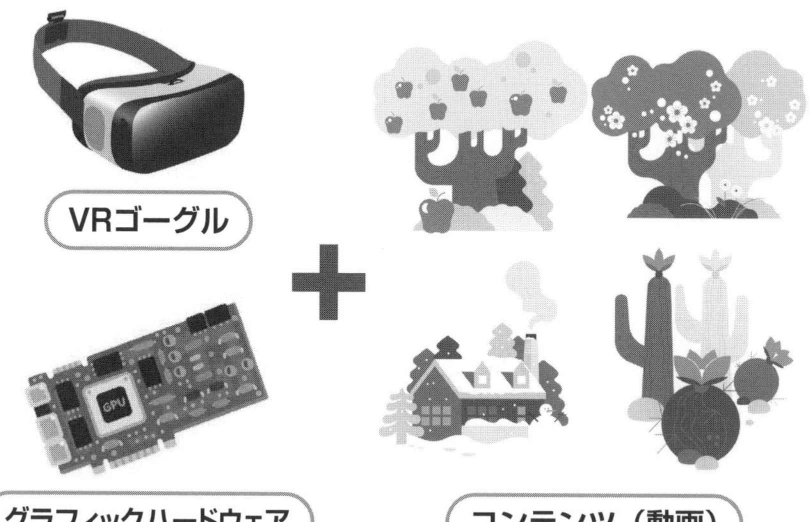

ります。顧客に感動を与えられるか、別企業のものと差別化できるかは、コンテンツによるところが大きいと考えられます。

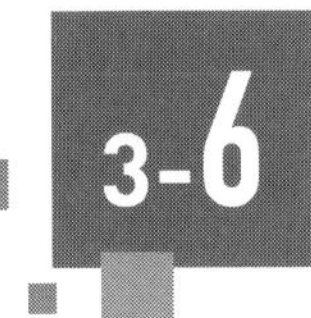

音声認識・画像認識

研究開発中のものも含め幅広く活用されている

ＶＲは、コンピュータ側から画像や音声を発出する技術でしたが、**音声認識・画像認識**はその逆方向で、人間の発する音声や自然界にある画像をコンピュータに読ませて何であるかを認識させる技術です。

音声認識は、スマートフォンやスマートスピーカー等で、「明日の天気は？」と聞いたときに、答えてくれるものです。音声認識を使うことで、キーボードから文字を入力するのが苦手な顧客が音声で指示を伝えることができるようになり、顧客の利便性が向上します。また、コールセンターでは、顧客対応品質を向上させるために、背後で音声認識システムが活躍し、オペレーターの対応を支援したり記録したりしています。

画像認識は、スマートフォンやパソコンのロック解除を、パスワードの代わりに指紋などの生体情報で認証するしくみが広く使われ、より進んだ顔認証システムが、東京オリンピック等で採用されています。さらに、自動運転における安全確保の重要技術として、画像認識は今後さらに進化していくことが期待されています。研究開発の最前線では、画像から図形だけでなく特徴も抽出し、図形の意味（それが猫か犬かなど）を判別するような高次の画像認識＋ＡＩの研究が盛んに行なわれています。

このように、音声認識・画像認識には、実用化されているものから、研究開発のステージにあるものまで幅広いものがありますが、顧客とのインターフェイスを改善するとともに、安心して顧客に使ってもらえるサービスを実現するための**セキュリティ強化にも役立つ技術**といえます。

◎音声認識・画像認識のイメージ◎

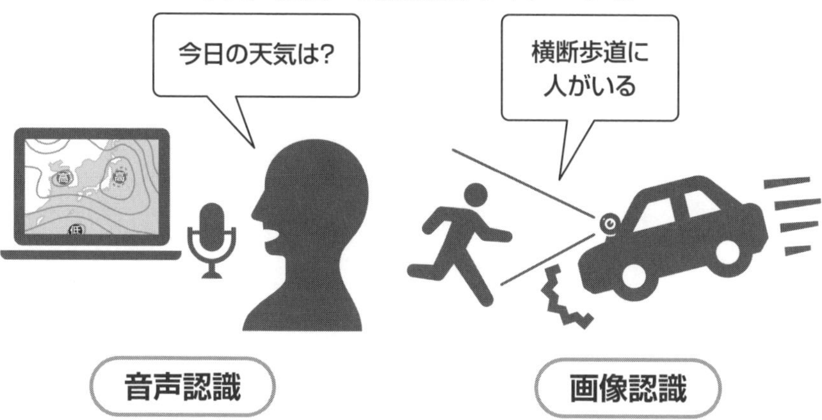

◎ＡＩと連携した物体認識◎

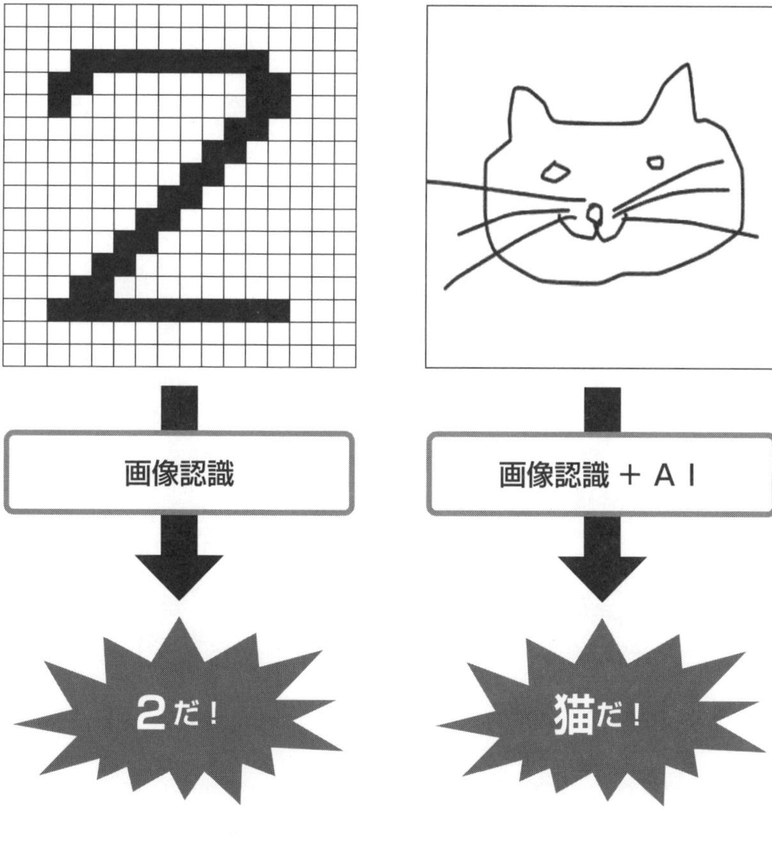

画像認識

2だ！

画像認識 ＋ ＡＩ

猫だ！

3-7 フィンテック

金融分野のデジタル化を実現

フィンテック(FinTech)は、金融(Finance)と技術（Technology）を組み合わせた造語です。金融サービスと情報技術を結びつけたさまざまな革新的な動きを指し、個々の技術というより、金融分野のデジタル化全体を指していると考えられます。

暗号資産（仮想通貨）は投機の対象になり、マスコミを賑わしていましたが、本来は金融機関などの仲介者を経ずに直接、決済を行なう手段を提供するものです。その際に、払った・受け取っていないのトラブルを防ぐために採用される技術が**ブロックチェーン**と呼ばれるものです。その技術の詳細は深く難しいものですが、衆人環視のなかで匿名の決済を行なう技術と考えればよいと思います。

もう１つのフィンテックの事例は、ＱＲコード決済などの**キャッシュレス決済**です。日本は他の国と比べ、キャッシュレス決済が遅れており、国がキャッシュレス決済を促進するために、消費税増税と時期を同じくしてキャッシュレス決済の優遇措置を講じたのは記憶に新しいところです。

企業がキャッシュレス決済を導入することで、財布からお金を出さなくてもモノが買えるという利便性を顧客に提供することができます。キャッシュレス決済には、以前からあるクレジットカードに加え、デビットカード・交通系などの電子マネー・ＱＲコードやバーコード決済など多彩な決済手段が提供されており、消費者が自らの状況や嗜好に合わせて決済手段を決めています。また、運営事業者は、激しい競争という背景もあって積極的な導入支援を行なっており、安価な手数料での導入もできるようになっています。

お店側が複数のキャッシュレス決済に対応することは、顧客満足をあげるＤＸの１つの要素になるといえるでしょう。

◎フィンテックの概要◎

×

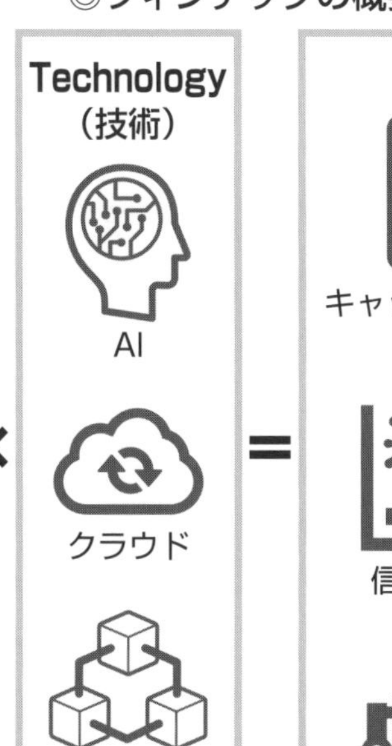

＝

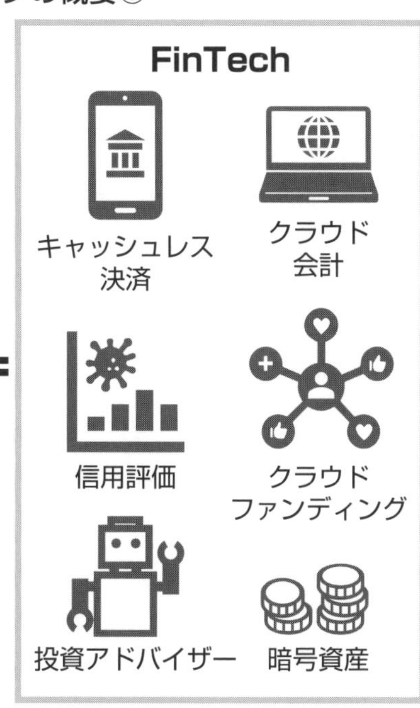

◎キャッシュレス決済の利便性◎

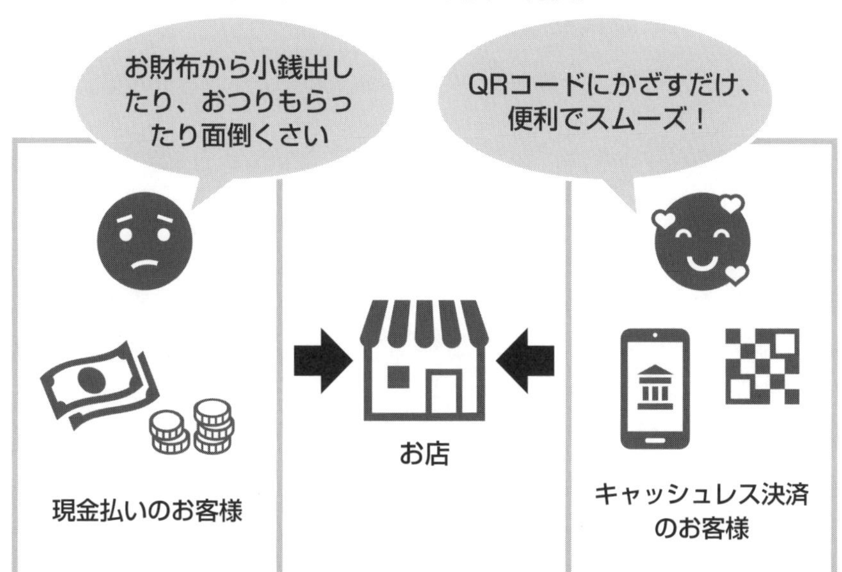

3-8 ＩｏＴ

あらゆるモノをネットワークに接続する

ＩｏＴ（Internet of Things：モノのインターネット）は、生産設備、住宅、車、家電製品などさまざまなモノが、センサー機器・ネットワークを通じてサーバーやクラウドサービスに接続され、相互に情報交換をするしくみです。

ＰＣ等の情報処理装置に限らず、あらゆるモノをネットワークに接続することで、作業現場や家庭など現実世界のデジタル化を成し遂げることをめざしています。

総務省が発行している『令和２年 情報通信白書』によれば、世界のＩｏＴデバイス数は2019年の253.5億台から2022年には348.3億台に増加すると予測されています。

また、ＩｏＴを利用したアプリケーションやサービスも、ものづくり・交通・医療・住宅・農業などあらゆる分野で広がっています。

代表的な例を以下にあげておきましょう。

- **ものづくり分野**…生産設備の稼働モニタリングにより設備の稼働率向上や保全時間短縮。
- **交通分野**…自動車に搭載されたセンサー情報をもとに、「走る」「回る」「止まる」などの動作を行なう「自動運転」。
- **住宅分野**…住宅のカギ、照明・冷暖房設備などを連動させて、エネルギー効率やセキュリティを最適化する「スマートハウス」。
- **医療分野**…着用型ウェアラブルデバイスにより健康状態を記録し、健康管理に活用、また状況により医師と共有して早期受診。

ＤＸを進めようとする企業においても、以下のことを行なうことで、付加価値の高い製品・サービスにつなげられます。

- 自社が提供している製品あるいは自社の生産現場や保守作業現場等、モノを扱うあらゆる局面で発生するデータを収集

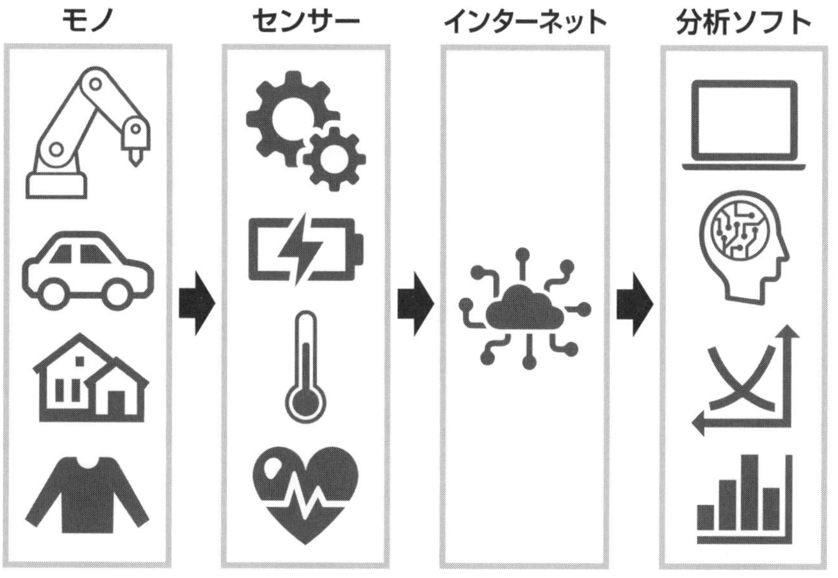

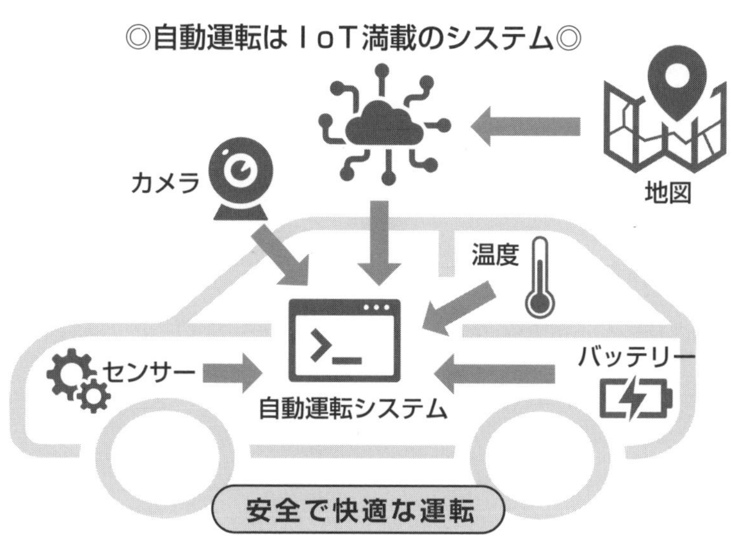

- 収集したデータをＡＩなども利用して分析・判断をして、状況にマッチした付加価値の高いサービスを提供
- 異常発生時は即座に的確なメッセージを発出

オープンデータ

活用促進の取組みが官民で活発に行なわれている

ＤＸを進めるうえで、多種多様なデータを収集することの重要性は先に述べたとおりです。

たとえば、「いままでの実績からいうと、明日の売れ筋は商品Ａなんだけど、明日は天気が悪そうだから商品Ｂを多めにつくろう」というような判断はあると思います。このようなときには、自社商品の販売履歴など自社関連のデータに加え、過去の気象情報および明日の気象予報データ（オープンデータ）が必要になります。

オープンデータとは何かについては、政府が発行した「**オープンデータ基本指針**」で以下のように定義されています。

> 国、地方公共団体および事業者が保有する官民データのうち、国民誰もがインターネット等を通じて容易に利用（加工、編集、再配布等）できるよう、次のいずれの項目にも該当する形で公開されたデータをオープンデータと定義する。
>
> ● 営利目的、非営利目的を問わず二次利用可能なルールが適用されたもの
> ● 機械判読に適したもの
> ● 無償で利用できるもの

日本は諸外国と比べ、オープンデータの整備が遅れていましたが、ここ数年オープンデータの利用環境の整備とオープンデータの活用を促進する取組みが官民で活発に行なわれています。

国や地方公共団体に対するオープンデータへの取組み義務が、2016年に法律で定められました。それ以来、地図・地形情報、公共交通情報、河川の情報、人口情報、地域の産業情報、気象情報など

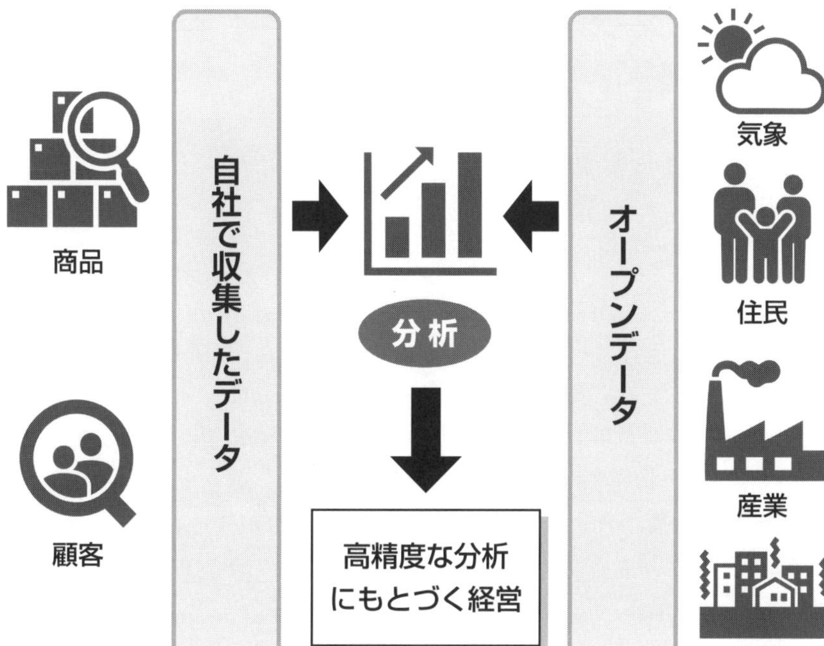

幅広い情報がオープンデータとして登録されています。表計算ソフトの形式で公開されていて、すぐに使えるものもあります。

オープンデータの利用促進については、電車・バス・航空などの公共交通機関が時刻表や動的な運行状況のデータを公開し、オープンデータを利用したアプリを広く一般から募集するコンテストを実施している例もあります。東京の空と陸と地下の交通の状況をリアルタイムかつ３次元表示するアプリなどアイデアにあふれたものが入賞しています。

政府、地方自治体あるいは気象庁などの公的機関のホームページにオープンデータのカタログが公開されています。これらのサイトには、データの利活用事例が掲載されているものもあります。いろいろなデータを参照して、ＤＸを進めようと思う際に参考にする価値は十分にあるといえます。

3-10 クラウド／セキュリティ等の情報基盤

5GはＩｏＴ活用現場でも大きな武器になる

大量のデータを高速に処理するコンピュータ、快適なネットワーク環境、安価ですぐに始められる**クラウドサービス**など、ＤＸは情報基盤の進歩によっても支えられています。

クラウドサービスは、登場して20年ほどですが、現在は60％以上の企業で利用され、利用率は年々向上しています。クラウドサービスによって、自社でサーバーを持つ必要がなくなり、費用削減の効果が見込めます。また、クラウド環境はもともとネットを経由してアクセスするものなので、テレワークとなじみやすくなっています。近年は、クラウド会計システム等も普及し、基幹システムについてもクラウドへ移行する例が増えています。

ネットワーク技術では、**５Ｇ**（第５世代）が提供開始されました。最高伝送速度は４Ｇの20倍の毎秒20ギガ（ギガは10億）ビットで、２時間の映画を３秒程度でダウンロードできるとされています。同時に接続できる機器数も１km^2あたり100万台と、10倍。通信の遅延は10分の１の１ミリ秒程度にとどまり、送受信時のずれが少なくなっています。５ＧはＰＣやスマホでコンテンツをダウンロードするばかりでなく、センサーを多数配置し、リアルタイムで状況を監視するＩｏＴ活用現場でも大きな武器になると考えられます。

このように、進化を続けるクラウドやネットワークですが、**セキュリティには注意が必要**です。ウイルスの侵入や情報漏洩により、自社や顧客に多大な損害を与える例があとを絶たない状況です。セキュリティ対策については、企業の入り口に防壁（ファイアーウォール）を立てて企業内側への侵入を防ぐことが基本ですが、最近では侵入を前提として、社内の通信すべてを監視する「**ゼロトラストセキュリティ**」が注目されています。これは、疫病対策における、

◎４Ｇと５Ｇの比較◎

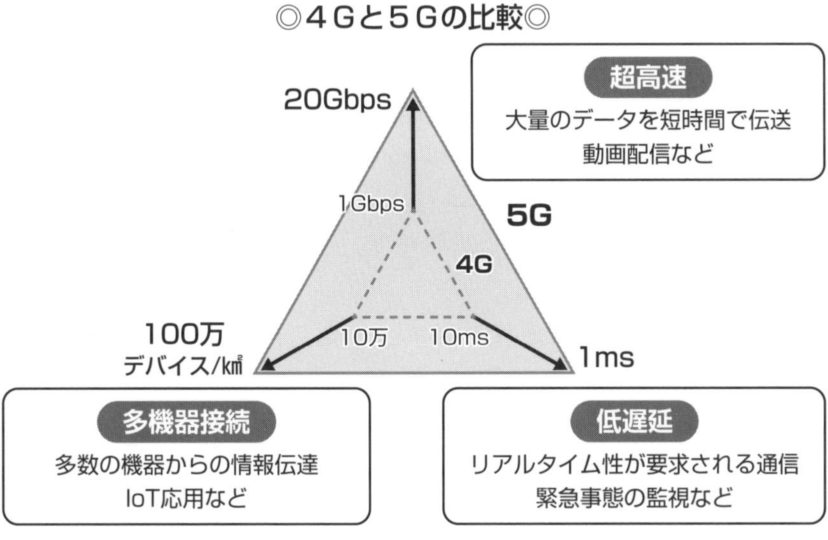

◎ゼロトラストセキュリティの概要◎

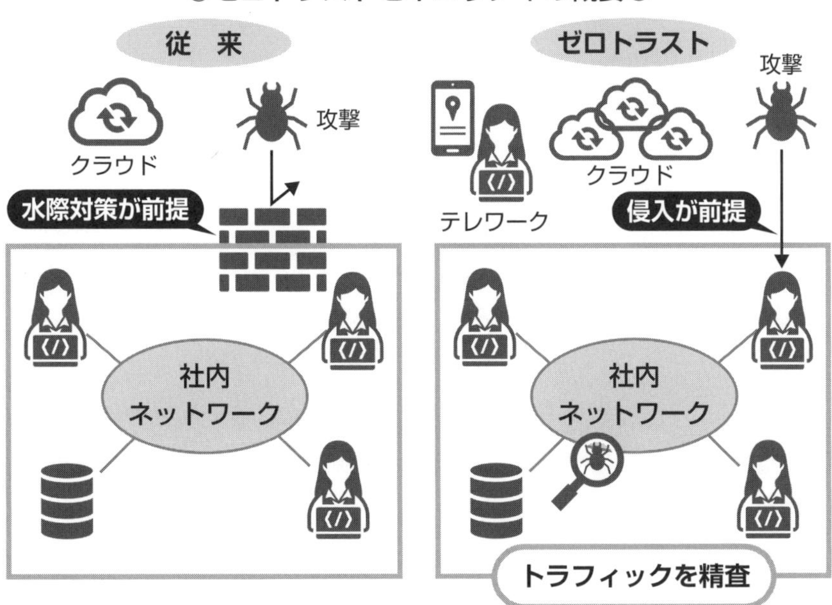

水際対策では不十分で、国内感染を前提に蔓延防止をする考え方と類似したものです。

COLUMN

どこまで続くハードウェアの性能向上

本章で紹介してきた技術は、ソフトウェアに関するものが多かったですが、ハードウェアの進歩もＤＸに大きく貢献しています。

ハードウェアの進歩を、「処理速度」「大きさ」「価格」の３つの側面から見てみましょう。

コンピュータの処理速度を決定づけるプロセッサの周波数は、2000年当時は１GHz（１秒間に10億回の演算）ほどでしたが、現在は５GHzになろうとしています。また、プロセッサに搭載する演算器（コア）の数も増大し、さらなる性能向上が実現しています。

大きさに関していえば、以前の大型コンピュータに相当する能力を現在のＰＣは持っているといわれますし、腕時計型などさらに小さなコンピュータも市場にどんどん現われています。大きさに比例して価格も下がり、1980年ごろは部署にＰＣが１台、2000年ごろには１人１台であったものが、いまでは１人数台が当たり前の時代になりました。

これらをつなぐネットワークのスピードも、2000年は50Mbpsだったのが、最近の５Ｇでは10Gbpsに向上し、多数のＰＣ等の情報処理装置間での大量通信を可能にしています。

これらハードウェアの進歩は、半導体技術によって実現できています。半導体技術の進歩については、1965年に発表された「ムーアの法則」というものがあります。半導体の集積規模が２年間に２倍になるというものですが、これまで何度かもう限界ではないかと言われましたが、半導体技術のブレークスルーで集積規模は増大し続けてきました。

最小加工寸法が10nmと原子の世界に近づき、プロセッサチップが発する電力も大きくなっており、今度こそ限界だという意見もあります。しかし、ハードウェアの性能が上がればＤＸもさらに進化します。どうなっていくのか興味深いところです。

4章

ＤＸ戦略のつくり方・すすめ方

Digital Transformation

執筆◎木佐谷 康

4-1 中小企業のＤＸプロジェクトの考え方

ＤＸプロジェクトの理念の設定と共有が重要！

ＤＸプロジェクトは、ＩＴを活用した業務効率化や生産性向上にとどまらず、事業やビジネスモデルの変革が最終ゴールです。

常に変化する外部環境やＩＴ技術に対応しつつ、ＤＸを成功させるには、ＤＸプロジェクトとして何をめざすのか、自社はどこに向かうのかといった理念の設定と共有が重要です。

社長が、ビジネス変革をゴールに考えていたとしても、プロジェクトメンバーや現場の担当者が生産性向上を目標に設定していては、プロジェクトは成功しません。

アジリティを高め、ＩＴ化をゴールにしない意識を徹底する

アジリティ（Agility）は、サッカーやアメフトなどのスポーツでよく使われる言葉で、機敏さ、素早さ、敏しょう性といった意味です。ビジネスの世界では、環境変化に即応するための機敏性という意味で使われることが多いです。

ＤＸプロジェクトは、計画レベルで考え過ぎるのではなく、仮説と検証を短時間で繰り返し、市場やユーザーの反応に合わせて機敏に対応するアジリティの意識が求められます。迅速な意思決定を行なう手法として、**ＯＯＤＡループ**というフレームワークが最近使われるようになっているので、参考にしてください（次ページのコラム参照）。

また、ＩＴ化をゴールにしないという点もＤＸプロジェクトを成功させるポイントの１つです。ＤＸのゴールは事業変革であって、ＩＴ導入ではありません。ＩＴやデジタルツールは事業変革するための道具です。

ＩＴ化をきっかけとして、顧客満足を高め、事業価値を上げるための戦略を考えましょう。

◎成功するＤＸプロジェクトの考え方◎

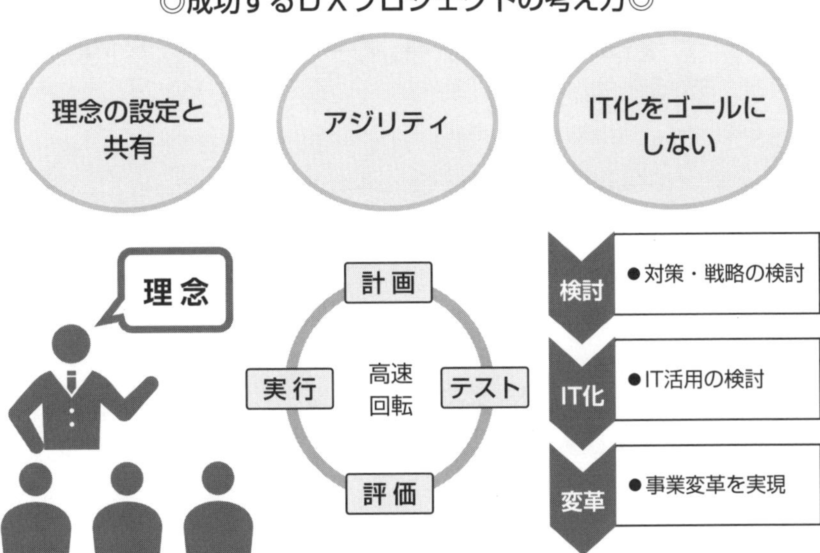

コラム

ＯＯＤＡ（ウーダ）ループとは

プロジェクトや戦略を実行する際には、「ＰＤＣＡ」（Plan：計画、Do：実行、Check：評価、Act：改善）のサイクルがよく使われますが、ＯＯＤＡループはプロジェクトや戦略をスピーディに実行するために開発されたフレームワークで、ＰＤＣＡの高速版という見方もできます。

戦闘機の操縦士でもあったアメリカの軍事戦略家のジョン・ボイド氏が開発したＯＯＤＡループは、飛行機の操縦のような瞬時の判断が必要な状況下で、健全な意思決定を行なうための意思決定方法です。Observe：観察、Orient：状況判断、Decide：意思決定、Act：行動を短期間のうちに実行することで、目まぐるしい変化に対応しようという考え方です。

アジリティの高いＤＸプロジェクトを実行するためには、非常に参考になるフレームワークといえます。

4-2 中小企業のＤＸプロジェクトの取組み方法

ＤＸプロジェクトを考えるヒント

ＤＸプロジェクトの取組み内容を考える際には、２つのアプローチがあります。強みの強化や弱みの克服といった自社の**内部環境**から考える方法と、顧客体験の改善や新事業開発といった**外部環境**から考える方法です。

ＤＸのゴールは、ＩＴを活用した事業変革なので、顧客体験の改善や新サービスの開発といった外部環境から考えるほうがゴールに近いですが、すぐによいアイデアが出てくるとは限りません。特に、人的・物理的なリソースが不足しがちな中小企業の場合は、強みのさらなる強化や、弱みや課題の解決といった内部環境から考えるアプローチがおススメです。

攻めのＤＸと守りのＤＸ

内部環境から考えるアプローチも、強みを強化する**攻めのＤＸ**と弱みを克服する**守りのＤＸ**に分けられます。

攻めのＤＸは、自社の強みや競争力を強化するためにＩＴツールを活用する方法であり、守りのＤＸは、業務効率化や生産性向上といった課題を解決するためにＩＴツールを利用します。強みや弱みを見つけるためには、戦略策定によく使われるフレームワークである**ＳＷＯＴ分析**を使うのがよいでしょう。

なお、攻めのＤＸを行なった後に事業変革を実現する場合は、自社の強みを活かした顧客体験の改善や新商品の開発を検討する方法が一般的です。

一方、守りのＤＸの次のステップとしては、余裕が生まれた人材や機材を使って新たな商品やサービスを実現する方法や、自社が課題を解決したシステムやツールをプラットフォーム化して、同業他社や顧客に提供する方法が考えられます。

◎攻めのＤＸと守りのＤＸ◎

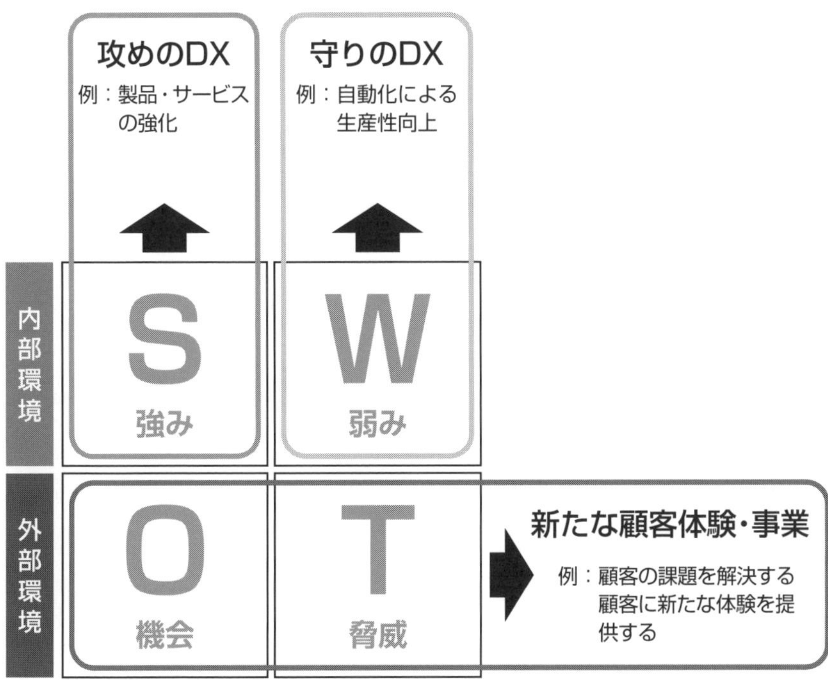

◎事業変革を実現するアプローチ◎

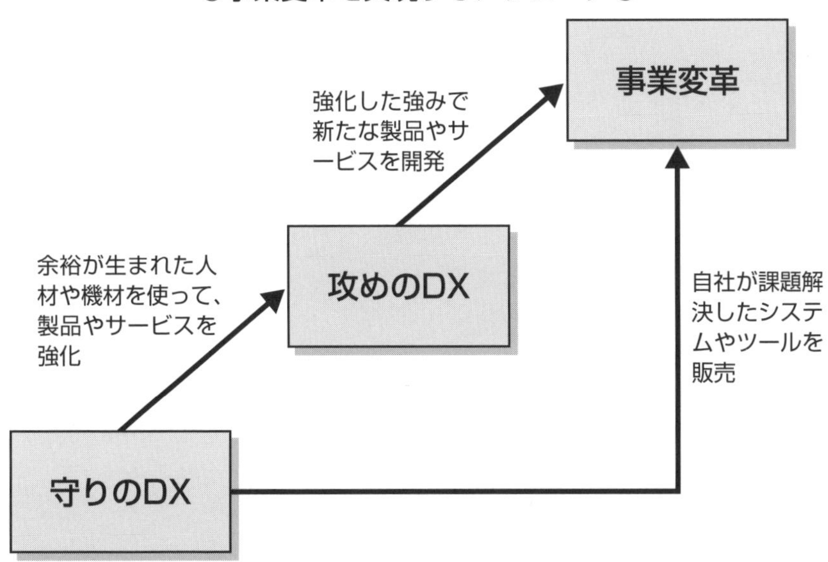

4-3 守りのＤＸのヒント①　ペーパーレス

ペーパーレスはデジタル化の最初の一歩

この項からは、中小企業がＤＸを考えるヒントをご紹介します。まずは、**ペーパーレス**です。

多くの企業でデジタル化をすすめる際に、最初に考えたいのがペーパーレスです。紙の資料は、すぐに見られる、一覧性が高いなどのメリットがあるものの、最大のデメリットは場所が限定されるということです。遠隔地で紙の資料を確認しようとすれば、ファックスやメールに添付して送ってもらう必要があり、アジリティは高められません。

デジタル化してしまえば、時間や場所を問わずにいつでも利用することができます。

ペーパーレスのすすめ方

①現状を知る

紙の情報の所在や量をリスト化して、どの資料を誰がどんな頻度で使っているのか調査します。ペーパーレスの効果がわかります。

②プライオリティを決める

使用頻度、削減効果やメリットなどを考慮して、どの資料からペーパーレスをすすめるのかプライオリティを決めます。最初は、効果が高く、取り組みやすいものに絞って対応するのがコツです。

③必要な対策・ツールを考える

申請書や稟議書などを削減する場合はワークフローやデジタル印鑑、図面や指示書を対象にする場合はタブレットや文書管理システムが候補になります。

④小さく導入して効果を確かめて拡大する

トライアルで試して効果を確認し、対象を広げていくのが、ペーパーレスを成功させる秘訣です。

◎ペーパーレスのすすめ方◎

現状を知る

- 紙資料の所在や量をリスト化して、どの資料を誰がいつ使っているか調査する
- 使用頻度によって分類する
  例：1か月以内に使用、3か月以内に使用、使用していない

プライオリティを決める

- 使用頻度、削減効果、デジタル化のメリットなどからプライオリティを決める
- デジタル化のメリットは、社外からアクセスできること

必要な対策・ツールを考える

- 利用形態や部門によって必要な対策・ツールが異なるので、適したものを選択する
- 下表を参考にする

小さく導入して拡大する

- 資料の種類や部門単位でトライアルして効果を確認する
- 最初はできるだけお金をかけずに、効果を確認してからツール等は導入する

◎利用部門別の代表的なペーパーレスのためのツール◎

利用部門	代表的な紙情報	代表的なツール
総務部門	申請書・稟議書 会議資料・議事録	ワークフロー・デジタル印鑑 ペーパーレス会議システム
経理部門	請求書 領収書	EDI・クラウド請求書 経費精算システム
法務部門	契約書	電子契約クラウド
営業部門	見積書・顧客情報 名刺	SFA・CRM 名刺管理クラウド
製造部門	指示書・図面	タブレット・文書管理システム

4-4 守りのＤＸのヒント②業務の自動化

定型業務はＰＣに任せて、人間は高付加価値業務へ

ＡＩやＲＰＡ、ＯＣＲなどが進化したことにより、中小企業でも**業務の自動化**に取り組めるようになってきました。

コピーペーストや転記などの反復・定型業務はパソコンに任せて、人間はより付加価値の高い業務に集中することで、守りのＤＸから攻めのＤＸに転ずることも可能です。

代表的な自動化のタイプ

①コピーペーストや転記作業の自動化

業務システムへの入力やＷｅｂサイトからのデータ収集など、決められた手順でコピーペーストや転記を行なう業務は、ＲＰＡの最も得意とする業務の１つです。

②受注処理の自動化

ＦＡＸやＰＤＦで送られてくる注文データを販売管理システムに入力するという業務は、いまでも数多くの企業が手作業で行なっています。紙やＰＤＦのアナログデータをＯＣＲを使ってデジタルデータに変換して、ＲＰＡで入力すれば、24時間自動で受注処理が実現できます。

③報告業務の自動化

月次報告書や作業報告書など、データや画像をコピーペーストして定期的に提出する書類の作成も自動化されるケースが多くなっています。

④問い合わせ対応の自動化

チャットボットと呼ばれるＡＩを活用した自動応答システムが普及してきており、営業時間やアクセス方法などの定型的な問い合わせを自動化し、非定型的な質問には人間が対応することで、品質向上が実現できます。

◎自動化の対象業務とツール◎

自動化のタイプ	代表的な業務	代表的なツール
コピーペースト 転記作業	経理システムへの入力 入金消込 競合価格調査	RPA
受注処理	FAX・PDFの受注入力	OCR＋RPA
報告業務	月次報告書の作成 作業報告書の提出	RPA＋Email
問い合わせ対応	よくある問い合わせ対応	チャットボット（AI）

◎各ツールの主な選定方法◎

ツール	主な選定項目	チェックポイント
共通	動作環境：クラウド、PC、サーバー	価格はクラウド＜PC＜サーバー、機能はその反対になる傾向
	課金形態：買取型、課金型、クラウド型	買取型は運用費用、課金型は導入費用、クラウド型はハードウェア費用が安くなる傾向
RPA	開発方法：記録型、フローチャート型、スクリプト型	キーボードやマウスの操作を記録する記録型、ブロックのように組み合わせるフローチャート型、プログラムのようなスクリプト型の順でIT知識が必要になる
OCR	罫線、非定型書式の有無	罫線がない書類や非定型書式には対応できないツールもある
	手書き文字の対応	手書き文字はAI機能を持ったOCRが認識率が高い
チャットボット	シナリオ型、AI型	設定したシナリオ通りに応答するシナリオ型、自然言語処理や機械学習で会話形式にも対応できるAI型がある

4-5 守りのＤＸのヒント③ 見える化

製造現場で最も高いニーズは見える化

製造現場のＤＸを考える際は、**見える化**に取り組むのがおススメです。工程や進捗、稼働状況、原価などを見える化することで、気づかなかった課題が見つかり、生産性向上や効率化などの効果が期待できます。

最近では、低コストで導入できるＩｏＴツールも数多く登場しているので、現場主導でＤＸを考えることでカイゼン効果も高まります。

見える化に取り組むメリット

見える化に取り組むことにより、従来は経験と勘に頼っていた業務や処理が見えるようになり、以下のようなメリットが生まれます。

- **生産性向上・効率化**…工程や案件の進捗が見える化されると、次工程の手待ちの削減や営業部門のお客様とのスムーズな交渉が実現でき、生産性向上や効率化が図れます。
- **高収益化**…設備の停止（チョコ停）や非稼働などのムダや工数・原価がわかることで、コストダウンや適正価格での販売が実現でき、利益率のアップにつながります。
- **標準化**…工程や作業が見えることにより、効率的な手順がわかるようになり、複数の作業者やメンバーの間で標準化を図ることができます。
- **組織活性化**…見える化の副次的な効果として、組織の活性化があげられます。見える化に取り組んだ企業のなかには、計画と実績が見えるようになって共通の目標や競争意識が生まれたという事例や、効率のよいメンバーから作業のコツや工夫している点を教えてもらうことで、部門内のコミュニケーションが増えたといった効果が現われた例もあります。

◎４つの見える化◎

計画の見える化

例：製造予定数量や販売予定額を見える化する

メリット：モチベーションアップ、コミュニケーション強化による組織活性化

進捗の見える化

例：作業や案件の進捗を見える化する

メリット：次工程や他部門で予定や予測ができることによる生産性向上・効率化

状況の見える化

例：人の作業状況や設備の稼働状況を見える化する

メリット：作業内容や作業手順を分析することによる標準化

結果の見える化

例：人の作業時間や設備の稼働時間を見える化する

メリット：ムダや原価がわかることによる高収益化

◎ＩｏＴを活用した見える化の例◎

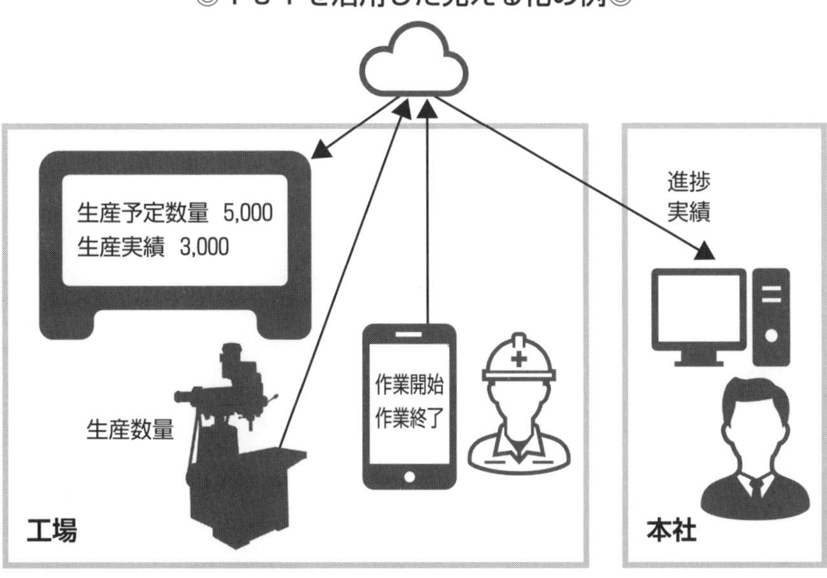

4-6 守りのＤＸのヒント④ 働き方改革

一気に広まったテレワーク

新型コロナウイルスの感染拡大によって一気に広がった働き方の変化が、**テレワーク**です。最近では、製造業や飲食業といった現場で人が作業することが求められる業種においても、受発注やバックオフィスなどの業務をテレワークにしたいというニーズが増えています。

テレワークを起点としたＤＸ

自宅や外出先でオフィスと同様の仕事を行なうためには、パソコンやネットワークの準備だけでなく、勤怠管理やコミュニケーションなど、さまざまな対策が必要になります。ＤＸの観点からそれぞれの対策を確認しましょう。

①リモート接続環境

テレワークには、社内で利用しているデータやシステムにアクセスする環境が必須です。社内のパソコンのみ接続できるように設定されたシステムや自宅のＰＣにインストールが難しいＣＡＤのようなソフトを利用している場合を除き、一般的なオフィスツールのみ使用している場合はクラウドストレージの活用が有効です。

②コミュニケーション

Ｗｅｂ会議システムはかなり普及してきており、ＳＮＳと併用することで、リアルタイムのコミュニケーションが実現できます。

③勤怠管理・労務管理・評価

業務開始時刻を管理する勤怠管理システムやメール、日報などで勤務状況を報告してもらいます。行動を常時チェックする意識を捨てて、性善説に立ってマネジメントするのがポイントです。

④情報セキュリティ

社外からのアクセスやＰＣへのデータのダウンロードを許可する

◎代表的なリモート接続環境◎

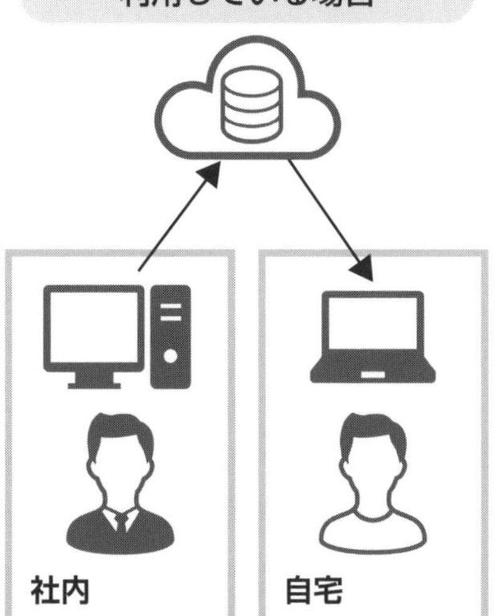

クラウドストレージのデータやクラウドツールには、社内外を問わずいつでもアクセス可能

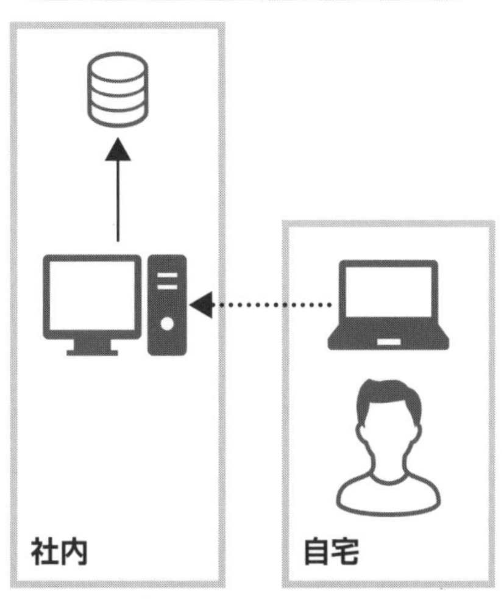

リモートデスクトップ環境を構築して、社内のパソコン経由で外部からアクセス

◎情報セキュリティ対策の進め方◎

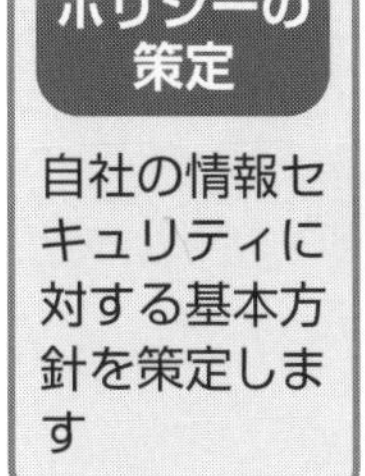

ポリシーの策定
自社の情報セキュリティに対する基本方針を策定します

規程の策定
情報資産の特定、禁止事項、事故時の対応などを規定します

教育の実施
定期的に従業員教育を実施して、理解度を確認します

監査の実施
従業員の理解度、対策状況を確認・履歴を残します

ループを回す

など、社内ネットワーク以上にセキュリティ対策は重要です。セキュリティツールを導入しても100％の対策は難しいので、情報セキュリティポリシーや規程の整備と教育に力を入れましょう。

攻めのＤＸのヒント①
製品・サービスの変革

ＤＸでめざすのはデジタル技術による売上や利益のアップ

これまで見てきた守りのＤＸで生産性向上や効率アップを図った後は、ＤＸの本来の目的である売上や利益のアップをめざしましょう。

この項からは「攻めのＤＸ」として、売上・利益アップにつながるＤＸについて考えてみます。

４Ｐ分析とアジリティを組み合わせて考える

デジタル技術を使って製品・サービスの変革を検討する際は、**４Ｐ分析**と**アジリティ**（☞74ページ）を組み合わせて考えるのが有効です。４Ｐ分析は、製品（Product）、価格（Price）、流通（Place）、販売促進（Promotion）の観点でマーケティング戦略を策定するフレームワークで、ご存じの方も多いと思います。４Ｐ分析に、デジタル技術の最大のメリットであるアジリティを組み合わせて、製品・サービスの変革を検討します。

- **製品**…デジタル技術を活用して、製品やサービスの品質や内容を変革するアプローチです。スマホアプリの活用によるサービス向上やクラウドを介したデータ提供などが考えられます。
- **価格**…守りから攻めに転じやすいのがコストダウンによる変革です。コストダウンによって生じた追加利益で、オプション製品やサービスを追加・開発するのが一例です。
- **流通**…流通経路や配送などの簡略化・効率化により変革を生み出す方法で、ＥＣ直販やオンラインサービスなどが該当します。
- **販売促進**…販売促進や広告宣伝のＤＸは、製品や価格、流通との組み合わせで実施されることが多く、顧客とのコミュニケーションを自動化するマーケティングオートメーションの活用が一般的です。

◎製品・サービスのＤＸの例◎

【製品・サービス＋アジリティ】

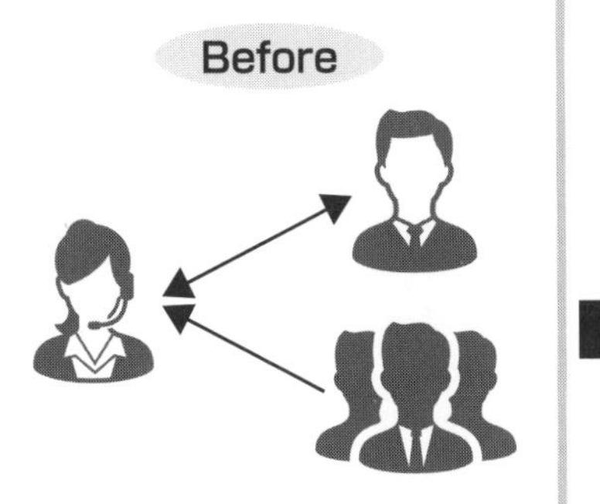

オペレータによる問合せ対応のため、待ち行列が発生

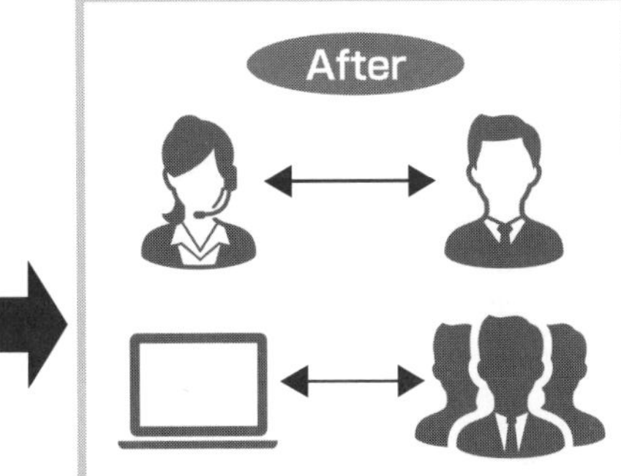

AIチャットボットによる自動応答で、よくある問合せは即座に回答

【コストダウン＋アジリティ】

Before

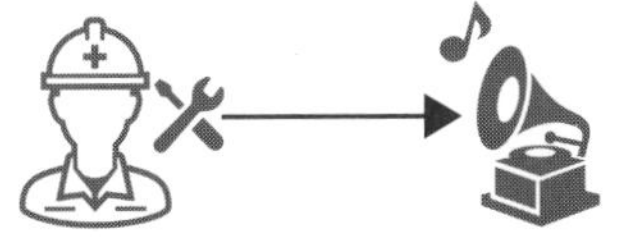

単純作業に時間をとられて、付加価値の高い業務に時間を割けない

After

単純作業は自動化して、事業変革に取り組める

【流通＋アジリティ】

Before

卸、小売を通じて販売しているため、コスト・時間がかかっている

After

ECサイトからの直販により、鮮度の高いまま低価格で販売できる

4-8 攻めのＤＸのヒント②顧客課題の解決

顧客が困っていることが発想のヒント

実生活やビジネスのうえで困っていることが解決できれば、多くの人はコストをかけても対策したいと考えます。新事業の発想も、顧客が困っていることの解消がヒントになります。

最近では、ペインポイント、ゲインポイントという表現で困りごとを探ろうという動きが出てきています。**ペインポイント**は、お金を払ってでも解決したい顕在化した悩みで、**ゲインポイント**は言われて初めて気づく悩みのことです。

たとえば、フードデリバリーサービスを考えると、自宅でレストランの料理が食べられないという困りごとがペインポイント、当初は気にしていなかったが、結果的に他人との接触機会が減ってよかったというのがゲインポイントといえます。

自社の悩み≒同業、業界の悩み

顧客の困りごとから新事業を考える際に有効なのが、自社の課題解決をプラットフォーム化して、同業や業界に提供するというアプローチです。

自社の課題を解決するために守りのＤＸを実現した後に、自社で採用したＩＴツールやクラウド環境を標準化して、同じ悩みを抱える企業に提供するというものです。

マッチング型ビジネスも困りごとがスタートポイント

フードデリバリーサービスを例にすると、自宅でレストランの料理が食べられないという困りごとを持つ人、店舗内の売上が下がっているという困りごとを持つレストラン、空き時間で手軽にできる仕事がないという困りごとを持つデリバリー担当、という三者の困りごとをつなげる＝マッチングすることで新たなビジネスが創造されています。

◎自社の課題解決をプラットフォーム化する◎

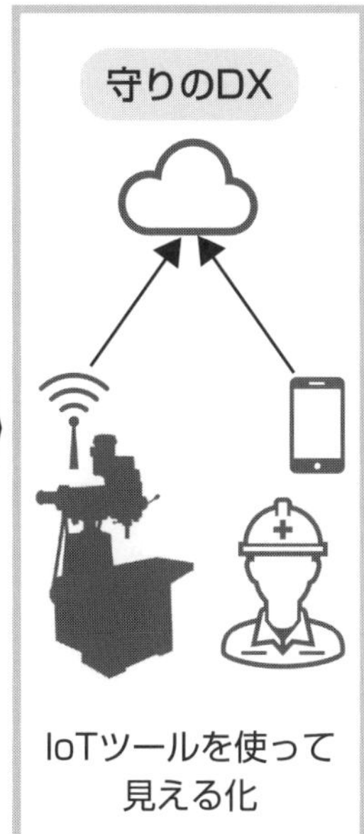

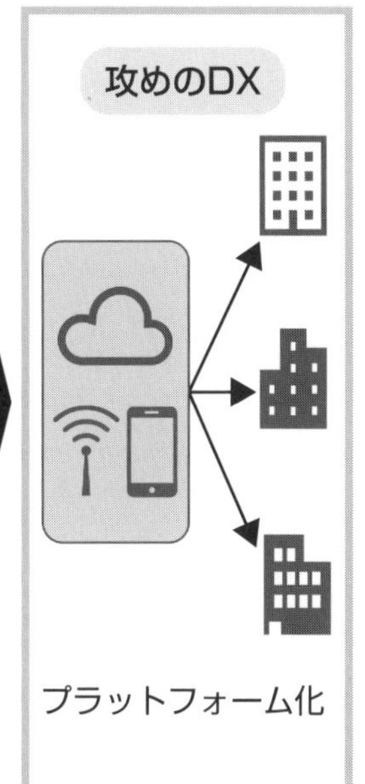

◎マッチング型ビジネスも困りごとの解決がヒント◎

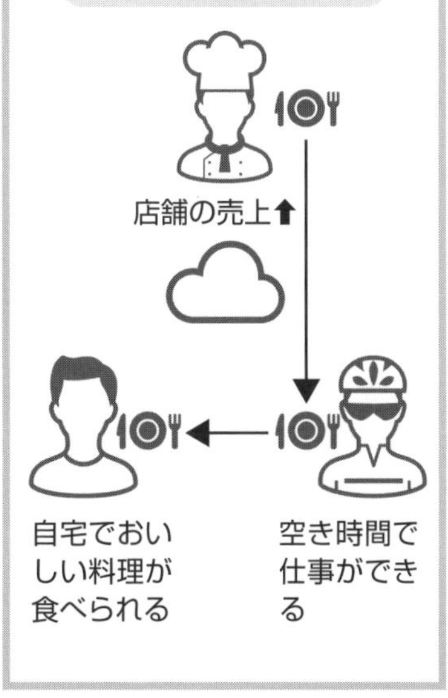

4-9 攻めのＤＸのヒント③ 顧客体験の変革

顧客体験（ＵＸ）の変革がＤＸの重要な視点の１つ

ＤＸのゴールとして意識したい重要なポイントが顧客体験（ＵＸ）の変革です。一口に顧客体験といっても、イメージすることは難しいため、いくつかのフレームワークや思考方法を参考に考えます。

ペルソナの設定

最初に考えたいのが、**ペルソナ**です。ペルソナは、デジタルマーケティングの世界で使われ始めた言葉で、架空のユーザー像・人物モデルといった意味です。

従来の顧客ターゲットより細かく、年齢、性別、家族構成、職業、趣味、住環境、ペットの有無など、自社の製品・サービスを利用してくれる人物モデルを詳細に設定して、そのような人物であればどのような行動をとるのかを想定するために利用します。

カスタマージャーニーマップをつくる

ペルソナが設定できれば、次は**カスタマージャーニーマップ**です。

カスタマージャーニーマップは、製品購入やサービス利用の際にフェーズごとにとられる行動の流れや意識の変化を旅に例えてまとめたものです。ＡＩＤＭＡ（Attention：認知、Interest：興味、Desire：欲求、Memory：記憶、Action：購買）やＡＩＳＡＳ（Attention：認知、Interest：興味、Search：検索、Action：購買、Share：共有）といった購買行動の流れに合わせて、それぞれのタイミングでどんな媒体に触れ、どのように行動し、どんな感情なのかをマップとしてまとめることで、顧客の課題やニーズを探り出します。

また、カスタマージャーニーマップから新事業の構想を考える場合は、デザイン思考（☞46ページ）の考え方を取り入れると、ユーザー視点に立った事業のアイデアが生まれる可能性が高まります。

◎具体的な人物が特定できるほど詳細にペルソナを設定する◎

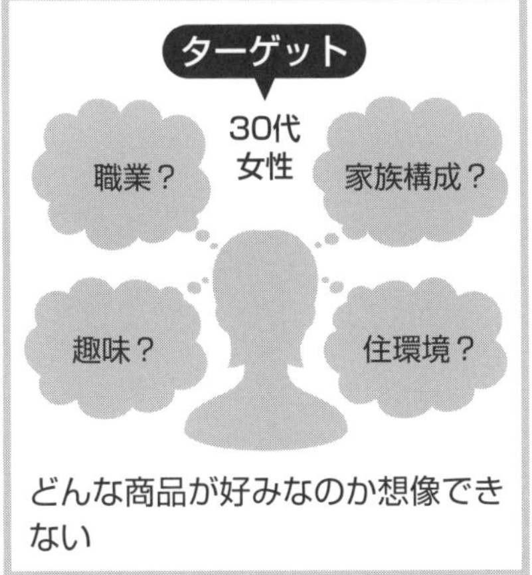

◎健康食品（食材）メーカーのカスタマージャーニーマップの例◎

ペルソナ	36歳、女性、夫（38歳）、娘１人（５歳）、埼玉県さいたま市の戸建てに在住 職業 保険会社の電話オペレーター、趣味 食べ歩き				
ステップ	Attention：認知	Interest：興味	Search：検索	Action：購買	Share：共有
タッチポイント	テレビ、雑誌、Instagram、LINE、友人、家族	テレビ、Instagram、LINE、友人	Web	Web	LINE
行動	健康に関連する番組や記事をよく見る	免疫効果が高い健康食品があることを知る	健康食品の成分、効能、価格を調べる	お試しセットを購入する	美味しかったのでLINEで友人にシェア
思考	家族が健康でいてほしい	子供も安心して食べられるか不安	月3,000円以内なら使えるかも	自宅で受け取れる休日に配送してもらおう	定期購入しよう
困りごと	仕事が忙しく、平日は時間がない	子供への影響がわからない	料理のしかたがわからない	平日は帰宅時間が不規則で宅配便が受け取れない	アレンジレシピが知りたい
企業の行動	他の食材と合わせた調理セットを企画する	ファミリー層のユーザーボイスを充実させる	レシピを公開する	置き配やコンビニ受け取りを導入する	アレンジレシピを募集する広告を企画する

ＤＸ戦略を立案する

プロジェクト計画の重要性

本章ではこれまで、ＤＸプロジェクトの考え方、取組み方法、取り組む際のヒントについてみてきましたが、本項と次項ではＤＸプロジェクトを進める際のステップについて考えてみます。

アジリティの高いＤＸプロジェクトといっても、やはりプロジェクト計画の策定は必要です。

プロジェクト計画には、新たな製品・サービスの内容、ターゲット、開発コスト、スケジュール、販売計画、販促計画などを盛り込み、経営陣やプロジェクトメンバーが同じ目標に向かって進んでいくための羅針盤にします。

儲け方、実現方法の２つの視点で考える

プロジェクト計画の策定フェーズでは、これまでアイデアとして考えてきた内容から必要な機能を洗い出し、具体的な実現方法をまとめます。その際に盛り込みたい視点は、どこでどのように利益を上げるのか、デジタルツールをどのように使って実現するかの２点です。

儲け方については、攻めのＤＸでは顧客のメリットをどこで生み出し、どのように収益を上げるのかを考え、守りのＤＸでは生産性向上や省力化によるコスト削減効果を算出します。

実現方法では、すでに提供されているデジタルツールを使うのか、新たに開発するのかを決め、そのコストを見積もります。投資コストが収益や削減費用を上回る場合は、デジタルツールの再選定や新たな機能・効果を見つけ出す必要があります。

また、環境変化や想定外の事態に備えるためにも、事業をステップごとに区分けし、計画どおりに進まなかった場合の撤退基準を決めておくことも重要です。

◎プロジェクト計画に盛り込みたい内容◎

項　目	内　容
プロジェクトの理念・目的	DXプロジェクトの背景や目的、最終的なゴール、理念についてまとめ、方向性のブレをなくす
対象者	対象とする社内の利用者の範囲や顧客のペルソナなどを規定することで、課題・困りごとのイメージを固める
課題・困りごと	解決したい課題や困りごとを抽出する
実現方法	既存のツールを利用するのか、新たに開発するのかを決める。攻めのDXの場合は販売方法やプロモーション方法についても検討する
機能	必要な機能や動作環境などを定義する
費用	実現するために必要な費用を初期費用・運用費用に分けて算出する
想定収益・効果	誰からどのように収益を上げるのか、どのような削減効果があるのかを算出する
体制	社内外の体制を検討する
スケジュール	実現までのスケジュールをステップを分けて考える
想定リスクと対策	実現に当たって想定されるリスクと対策を洗い出す
拡大基準・撤退基準	ステップごとに、拡大・縮小・撤退の判断基準を設ける

ＤＸ戦略を実行する

決断する前にユーザーの声の確認とＰｏＣが重要！

ＤＸ戦略がまとまれば、次は決断と実行です。アジリティを高く、早く決断して実行に移したいところですが、決断する前にユーザーの声の確認とＰｏＣを実施しましょう。

ＤＸプロジェクトは、新たな領域にチャレンジすることが多いため、プロジェクトメンバーのアイデアや意見だけでは偏った想定になるリスクもあります。ペルソナで設定した人物モデルに近い家族や友人、社内ユーザーの声を聞いて、戦略・計画の有効性を確認することが重要です。

アイデア段階で意見を聞いたり、計画がまとまった段階でインタビューするなど、ステップごとに確認することで、利用者の求める機能やサービスに近づいていきます。

ＰｏＣ（Proof of Concept：概念実証）とは、新たなアイデアやコンセプトの実現可能性や効果について、デモンストレーションやトライアルで検証することで、医薬品業界やＩＴ業界でよく採用されています。ＰｏＣで検証することにより、戦略の実現性が確認でき、想定外のリスクが回避できます。

最近のクラウドサービスでは、小規模利用の場合は無料のものや、期間限定のトライアルサービスを設けているものが多いので、ＰｏＣを実施する際のコストも最小限に抑えられます。

Small Start & Quick Winの発想で実行する

筆者が中小企業のＩＴ化の支援で常に意識しているのが、**Small Start & Quick Winの発想**です。小さく始めて（Small Start）、早く結果を出す（Quick Win）ことにより、効果を確認しながら拡大することができます。

特に、これまでＩＴツールを積極的に活用していない企業の場合

◎アイデアを検証するステップ◎

◎Small Start & Quick Winの例◎

は、Small Start ＆ Quick Winで社員の意識を変えながらＤＸプロジェクトに取り組むことができ、成功確率が上がることが期待できます。

ＤＸ戦略の成功法則

新事業・新サービスの創出を最終ゴールにすえる

本章でこれまで見てきたように、ＤＸ戦略は「理念～検討～計画策定～検証～決断と実行」というフェーズを経て遂行されます。

ＤＸの真の目的は、ＩＴ技術を使った事業・ビジネスモデルの変革なので、ＤＸ戦略の最終ゴールを新事業・新サービスの創出と位置づけ、ＩＴ導入や守りのＤＸで満足せず、改善や対応を継続することが重要です。

戦略実行のサイクルを継続して回すためには、ＩＴコーディネータ協会策定の「ＩＴＣプロセスガイドライン」で定義されている**経営戦略サイクル**が参考になります。経営レベルの「ＳＰＤＬＩ経営サイクル」と事業レベルの「ＰＤＣＡ管理サイクル」、業務レベルの「ＰＤＳ業務サイクル」に分け、業務レベルや事業レベルのサイクルを経営レベルにつなげることで、新事業・新サービスの創出が実現できます。

経営者のコミットメントが不可欠

ＤＸにより顧客価値と企業価値を高めるためには、１つの事業や製品で完結するのではなく、全社一丸となってＤＸ戦略を実行することが不可欠です。さまざまなアイデアが出されたとしても、理念やゴールがハッキリしなければ、自社への適合度が判断できず、プロジェクトは羅針盤を失います。

また、プロジェクトが予定どおり進まないときは、プロジェクトの運営や結果の検証に至るさまざまな場面で経営者が方向性を示し、決断することが必要になります。ＯＯＤＡループ（☞75ページ）や戦略経営サイクルを参考にして、アジリティの高い決断と戦略実行を意識して進めましょう。ＤＸプロジェクトを進めるための経営者の関与のしかたや組織のつくり方については、次章で解説します。

◎DXプロジェクトの全体マップ◎

理念の設定	●DXプロジェクトでめざすゴール、自社の方向性を共有する ●アジリティを高め、IT化をゴールにしない意識を徹底する
取組み内容の検討	●攻めのDX、守りのDXに分けて、ヒントを参考に検討する ●守りのDX→攻めのDX→事業変革のアプローチで考える
プロジェクト計画の策定	●プロジェクトメンバーの羅針盤として策定する ●儲け方、実現方法の2つの視点で考える
検証	●ユーザーの声で戦略・計画の有効性を確認する ●PoCで実現性を検証し、リスクを回避する
決断&実行	●Small Start & Quick Winの発想で決断・実行する

◎経営戦略サイクル◎

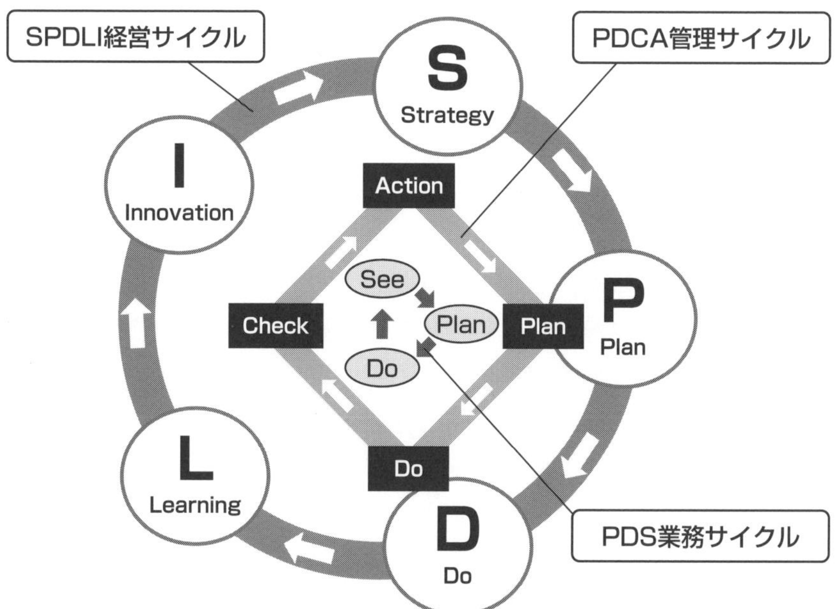

（出典：ＩＴコーディネータ協会「ＩＴＣプロセスガイドラインVer3.1」）

COLUMN

こんなＤＸプロジェクトは失敗する

ＤＸプロジェクトの失敗事例から、ＤＸがうまくいかない要因を考えてみましょう。

●アサインした担当者に丸投げしている

中堅企業に多い失敗事例は、ＩＴに詳しい人間をＤＸの担当者にアサインして、１人で考えさせているケースです。

ＤＸは、自社の強み・弱みや顧客の課題を分析してＩＴで解決するものですから、現場や顧客のニーズがわからなければ推進できません。ＤＸプロジェクトを成功させるには、経営者がリードして全社で取り組みましょう。

●３か月に一度、役員会で報告している

常に変化する顧客ニーズをキャッチして新事業を構築するＤＸは、トライ＆エラーを繰り返しながら、顧客ニーズに近づけていくことが求められます。３か月に一度、判断していては、環境変化についていけず、成功は見込めません。

アジリティの高い体制をつくって、方向性が間違っていればすぐに軌道修正することが必要です。

●社長のひと声で経験のないアイデアに飛びつく

他社の成功事例を聞いて、自社に経験のない新事業を始めてしまう、ワンマン型の経営スタイルに多い失敗パターンです。

経営資源に限界がある中小企業にとっては、自社の強みが活かせない事業はリスクが非常に高くなります。自社の強みや弱みをしっかりと分析したうえで決断することが重要です。経験のない事業にチャレンジするのであれば、他社とのアライアンスや外部の専門家を活用して、足りない経験を補いましょう。

ＡＩやＲＰＡなどの新しいＩＴ技術が市場に広がると、同様の失敗事例が増えてきます。流行に左右されるのではなく、自社のリソースと状況を見きわめて、冷静な判断が必要です。

ＤＸ組織・ＤＸ人材のつくり方

Digital Transformation

執筆◎木佐谷 康

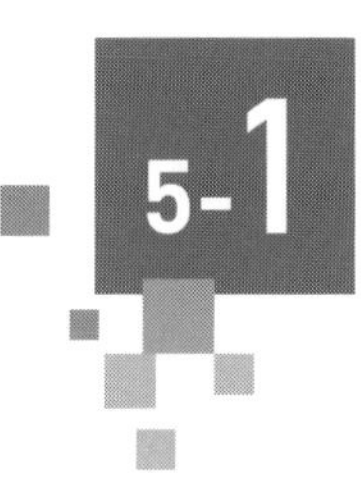

5-1 ＤＸプロジェクトを成功に導く体制

ＤＸプロジェクト成功のカギはトップが握っている

ＤＸプロジェクトは、全社一丸となって取り組む必要があるため、トップのリーダーシップが重要です。株式会社電通デジタルの2019年の調査(*)では、経営トップがコミットメント（結果を出すことを社内外に明示し、そのために事業推進すること）している組織がＤＸの成果を出しているのに対し、成果を出せていない企業の約７割強が経営トップのコミットメントがないという結果になっています。ＤＸプロジェクトの成功のカギはトップが握っているといって間違いありません。

ＤＸを推進するための組織、専任者も必要

ＤＸプロジェクトを推進するための体制について同調査を見ると、成果を出している企業の約７割は、専門の推進組織と専任の役職者を設置しているという結果になっています。

ＤＸプロジェクトは、検討や決断の際にスピード感をもって実行することが求められることから、専任の組織や担当者を設けて対応することが、成功に導くためのもう１つのポイントといえます。

同調査は、従業員500人以上の企業を対象としているため、企業規模としては中堅クラス以上と考えられます。中小企業では、専任の組織や役職者の設置は難しいことも多いでしょう。そのような場合は、ＤＸプロジェクトの責任者をはっきりさせ、一定程度の権限を持たせて判断のスピードを高めることが重要です。

（*）株式会社電通デジタル「日本における企業のデジタルトランスフォーメーション調査（2019年度）」（2019年12月発行）の調査概要

- 調査対象：従業員数500人以上の国内企業所属者　●算出用サンプル数：3,823サンプル
- 調査対象者の業種：全業種（日経BPグループモニターおよび提携モニターを対象）
- 調査対象者の所属：経営・社業全般、経営企画・事業開発、営業／営業企画・販売、カ

◎ＤＸで成果を出している企業の特徴◎

① 経営トップのコミットメントの有無

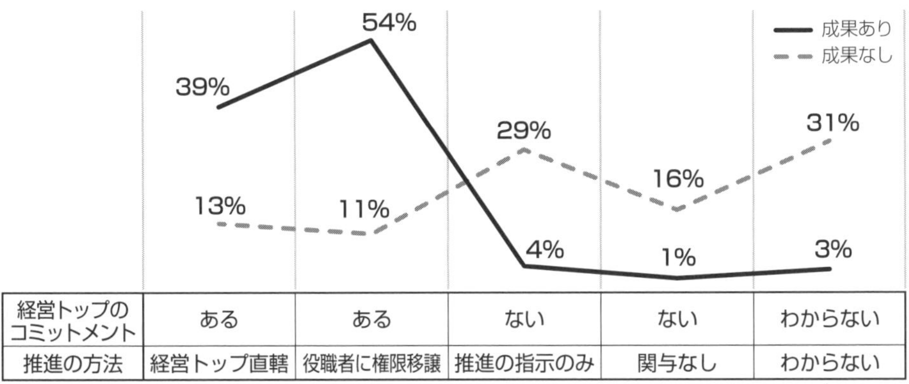

経営トップのコミットメント	ある	ある	ない	ない	わからない
推進の方法	経営トップ直轄	役職者に権限移譲	推進の指示のみ	関与なし	わからない

出典：電通デジタル「日本における企業のデジタルトランスフォーメーション調査（2019年度）」を元に筆者作成

② 推進組織と専任の役職者の有無

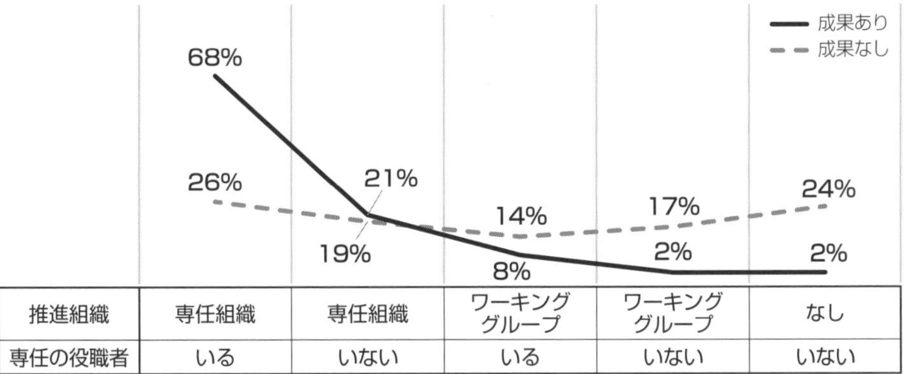

推進組織	専任組織	専任組織	ワーキンググループ	ワーキンググループ	なし
専任の役職者	いる	いない	いる	いない	いない

出典：電通デジタル「日本における企業のデジタルトランスフォーメーション調査（2019年度）」を元に筆者作成

トップがビジョンやゴールを明確に示していれば、ＤＸプロジェクトがトップの思いと違った方向に向かうことも防げます。

スタマーサービス、製品開発、企画・調査・マーケティング、デジタル統括／推進、IT／情報システム、広報／宣伝

- 調査対象者の役職：経営者／役員クラス、本部長／事業部長／部長クラス、課長クラス、係長・主任クラス
- 調査時期：2019年９月３日～９月17日

5-2 ＤＸプロジェクトのチーム編成方法

ＤＸプロジェクト体制の構築

ＤＸプロジェクトを推進するための社内組織には、以下の４つの編成方法があります。プロジェクトのゴールや社内人材の特性に応じて、自社に適した体制を構築しましょう。

①**専任組織型**…ＤＸプロジェクトの専任組織を設置して推進する方法です。社長直轄の組織にすることで、アジリティの高い判断が可能になります。

②**事業部門主導型**…営業や生産部門など、事業を担当している部門が主導し、ＩＴ部門などがサポートします。現状の業務の課題解決や顧客ニーズを吸い上げた新事業を開発する際に適した体制です。

③**管理部門主導型**…ＩＴ部門や人事部門など、バックヤードの管理部門がプロジェクトチームをリードします。守りのＤＸで多く取り入れられる体制です。社内ユーザーである事業部門や外部の顧客のニーズや声を反映させる意識としくみを持つことが重要になります。

④**部門横断型**…さまざまな部門からメンバーを集めてチームを編成します。プロジェクト体制が早く構築できる一方、メンバーは従来の業務と兼務になるので、現業のプライオリティが高くなりがちで、ＤＸプロジェクトの検討が進まないというリスクが大きいです。責任者に権限を与えて、スケジュールやタスクの管理を見える化することが重要です。

中小企業の場合は、従業員数や担当者の業務内容から専任組織型は難しいことが多いため、部門横断型のプロジェクト体制を中心に採用するケースが多くなります。

◎ＤＸプロジェクトの組織編成と注意点◎

プロジェクト体制	内容	主な適用場面	メリット	注意点	
				共通	個別
①専任組織型	DXプロジェクトの専任組織を設置して推進する	● ITや新技術に詳しい現場担当者がいる	●早く結果が出せる ●既存事業にとらわれないアイデアが出る可能性がある	●トップへの報告を頻繁に行ない、タイムリーに素早く決断する ●足りない機能は外部の専門家を活用する ●責任者と責任範囲を明確にする	●事業部門やIT部門などの社内関係者とのコミュニケーションを密にする
②事業部門主導型	営業や生産部門など、事業を担当している部門が主導し、IT部門などがサポートする	●攻めのDXに取り組む ●事業部門に新事業のアイデア・タネがある ●顧客体験の変革に取り組む	●顧客の課題やニーズが見えやすい ●現在の事業との整合性がとれる		● IT部門やITの専門家を巻き込む
③管理部門主導型	IT部門や人事部門など、バックヤードの管理部門がプロジェクトチームをリードする	●守りのDXに取り組む ● ITツールの導入をメインに取り組む ●ペーパーレスや働き方改革など、管理部門のメイン業務に取り組む	●専門家が対応できる		●社内外のユーザーの声を聞く
④部門横断型	さまざまな部門からメンバーを集めてプロジェクトチームを編成する	●専任の担当者をアサインできない ●全社横断の課題に取り組む ●アイデアベースから新規事業を考える	●早く体制を構築できる		●責任者に権限を与え、スケジュール管理、タスク管理を見える化する

5-3 ＤＸプロジェクトの運営方法

コミュニケーションツールを上手に使う

アジリティの高いＤＸプロジェクトを運営するためには、トップを含む関係者とタイムリーなコミュニケーションを行ない、迅速に意思決定しなくてはなりません。そのためには、コミュニケーションツールにも工夫が必要です。

いまでも電話とメールでのコミュニケーションが中心という中小企業は多いですが、ビジネス用のチャットや掲示板、Ｗｅｂ会議など、状況と目的に合わせて上手に使い分けましょう。

ＷＢＳやガントチャートでタスクを管理する

ＤＸプロジェクトは、複数の部門や担当者が携わることが多く、各自にタスクを割り振ってプロジェクトを進めていきます。

あるタスクが終わらないと次のタスクが実行できない、といったタスク間の依存関係や、個々のタスクの進捗状況を管理するのに有効なのが、システム開発でよく使用されている**ＷＢＳ**や**ガントチャート**です。

ＷＢＳは、Work Breakdown Structureの略で、大項目から小項目にタスクを分解して構造化する手法で、タスク間の依存関係がよくわかります。

分解したタスクに担当者を割り振り、スケジュールを記載したものがガントチャートで、計画の進捗が管理できます。

デジタルツールを使って共同作業のスピードを上げる

テレワークの普及に伴って、遠隔地にいる人と共同作業をするという機会も増えています。特に、複数部署にまたがるプロジェクトの場合は、全員が一堂に集まるのが難しいケースも出てくるので、デジタルツールを活用して、共同作業のスピードを上げることも重要なポイントです。

◎コミュニケーションツールの使い方◎

コミュニケーションツール	メリット	デメリット	DXプロジェクトでの理想的な使い方
電話	素早く連絡が取れる 手軽に使える	相手の作業が止まる 1対1に限られる	急ぎの連絡
メール	情報共有の相手を特定できる 1対複数で情報共有できる	相手の名前や挨拶文が必要 受信者以外は情報に触れない 検索に手間がかかる	定期的な報告 限定メンバーでの情報共有
ビジネスチャット SNS	相手の名前や挨拶文が不要 参加者全員で情報共有できる 情報が蓄積できる	専用ツールが必要 参加者全員に公開される	プロジェクトメンバー間の情報共有
Web会議	表情がわかる 資料を共有できる	同時に話しにくい 感情がわかりにくい	ミーティング

◎ガントチャートの例◎

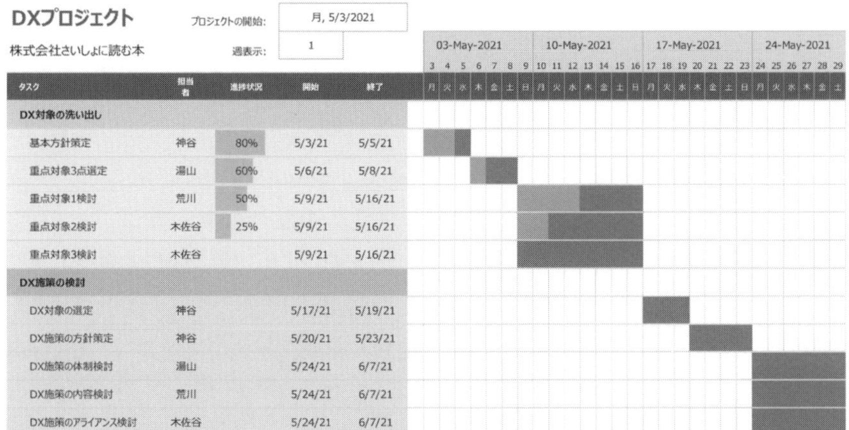

タスク	担当者	進捗状況	開始	終了
DX対象の洗い出し				
基本方針策定	神谷	80%	5/3/21	5/5/21
重点対象3点選定	湯山	60%	5/6/21	5/8/21
重点対象1検討	荒川	50%	5/9/21	5/16/21
重点対象2検討	木佐谷	25%	5/9/21	5/16/21
重点対象3検討	木佐谷		5/9/21	5/16/21
DX施策の検討				
DX対象の選定	神谷		5/17/21	5/19/21
DX施策の方針策定	神谷		5/20/21	5/23/21
DX施策の体制検討	湯山		5/24/21	6/7/21
DX施策の内容検討	荒川		5/24/21	6/7/21
DX施策のアライアンス検討	木佐谷		5/24/21	6/7/21

◎DXプロジェクトで利用したいデジタルツール◎

カテゴリー	主な用途	代表的なツール
クラウドオフィスツール	文書や表計算などを共同編集する	Microsoft365、Google Apps
クラウドストレージ	社内外のメンバーとファイルを共有する	Dropbox、Box、Microsoft OneDrive
コラボレーションツール	Web会議やオンラインホワイドボードなどを利用して共同作業を行なう	Zoom、Microsoft Teams、Miro
プロジェクト管理ツール	タスクや進捗などでプロジェクトを管理する	Trello、Redmine、Backlog

5-4 ＤＸプロジェクトの評価方法

ＤＸプロジェクトの評価は計画段階から始まる

適切なタイミングで評価を行なわないと、実現可能性の低い計画を長期間実行したり、想定外の損失が生まれるリスクが高まるので、適宜、ＤＸプロジェクトを評価することが必要です。

評価のタイミングや評価方法などは、プロジェクトの計画段階で定めておけば、当初の想定どおりに進行しているかどうかを見きわめることができます。

定量評価とＫＧＩ／ＫＰＩで考える

デジタル化のメリットはデータが収集・分析しやすいことなので、ＤＸプロジェクトの評価はデータにもとづく**定量評価**を中心に考えましょう。

定量評価の際の目標を設定するときに取り入れたいのが、ＫＧＩとＫＰＩです。**ＫＧＩ**は、Key Goal Indicatorの頭文字をとった言葉で、最終的なゴールである**重要目標達成指標**を意味します。一方、Key Performance Indicatorsを略した**ＫＰＩ**は、**重要業績評価指標**と訳され、最終ゴールにたどり着くための中間的な目標です。

ＫＧＩは最終ゴールなので、目標として明確であること、現実から大きく乖離していないこと、企業や事業のビジョンと結びついていることなどに注意して設定します。

ＫＰＩの設定では、ＫＧＩの達成に結びついていること、漏れやダブりがないことなどを考慮します。ＫＰＩを適切に設定すれば、ＫＧＩ達成までのチェックポイントが明確になり、予定どおり進捗していない場合の対策が検討しやすくなります。

ＫＧＩに売上や利益を設定する場合は、売上の構成要素を分解して、それぞれの構成要素をＫＰＩとして設定する方法がよく利用されます。

◎ＫＧＩとＫＰＩの例◎

1 BtoB営業の場合

① 売上を分解する

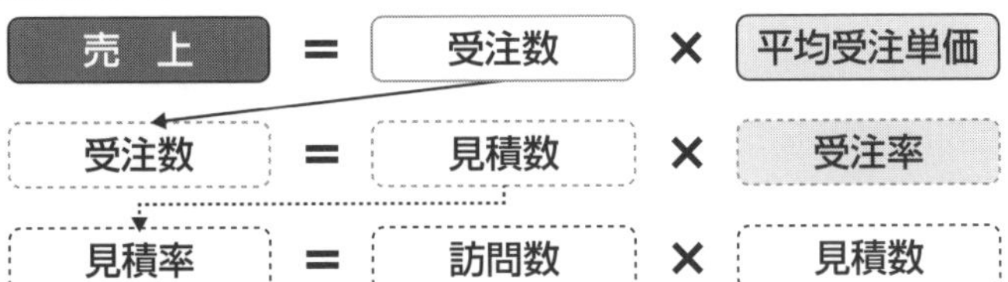

② KGIを設定する

③ KPIを設定する

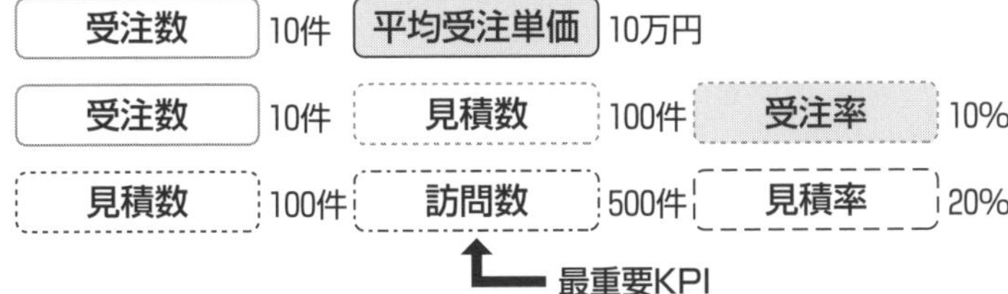

2 ＥＣ販売の場合

① 売上を分解する

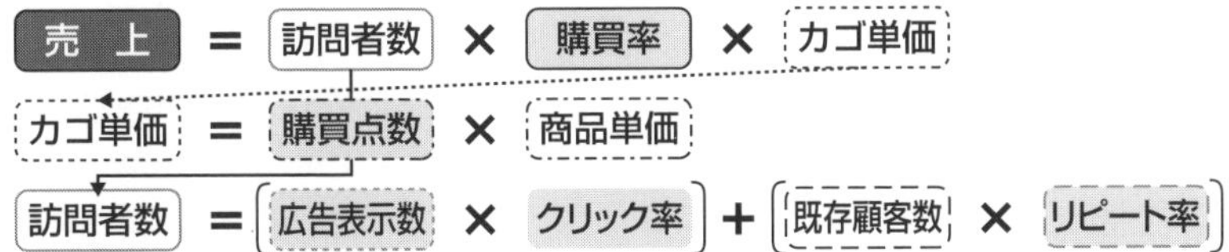

売　上
=
訪問者数
×
購買率
×
カゴ単価
カゴ単価
=
購買点数
×
商品単価
訪問者数
=
広告表示数
×
クリック率
+
既存顧客数
×
リピート率

② KGIを設定する

売　上 10万円

③ KPIを設定する

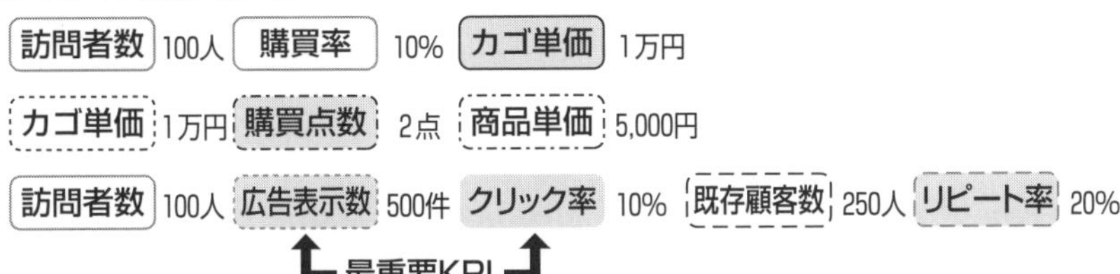

ＤＸ人材に必要な能力

ＤＸ人材に必要な３つのスキル

ＤＸ人材は、ＩＴ、ビジネスデザイン、プロジェクトマネジメントの３つのスキルが必要になります。

①ＩＴスキル

ＤＸプロジェクトは、ＩＴの利活用が前提となるため、**最新のＩＴトレンドの理解**は基礎スキルといえます。また、ＩｏＴによるデータ収集やＡＩによる分析などはビッグデータを活用するため、データを起点として考える**データドリブンの発想**も養いたいスキルです。

②ビジネスデザインスキル

ビジネスデザインスキルは、新規事業や新製品・サービスを企画するために、ビジネスモデルを理解し、アジリティの意識でプロジェクトを進めるための能力です。自社の強みや弱み、外部環境を分析し、**デザイン思考**（46ページ参照）**で顧客体験（ＵＸ）を変革する事業**を創造します。

③プロジェクトマネジメントスキル

プロジェクトの実行段階で最も重要なのが、プロジェクトマネジメントスキルです。メンバーをまとめ、外部の企業や専門家とアライアンスを構築し、プロジェクトを**スケジュールどおりに遂行する実行能力**が求められます。

④チームで必要なスキルを補う

上記３つのスキルを１人でカバーするのは難しいため、プロジェクトチーム全体で必要なスキルを持つようにメンバーを選定します。ただし、基礎スキルであるＩＴスキルは、レベルの差があってもメンバー全員が持っていることが望ましいため、セミナーや外部研修、資格取得などを通じて、日常業務のなかで習得するように心がけましょう。

◎ＤＸ人材に必要な３つのスキル◎

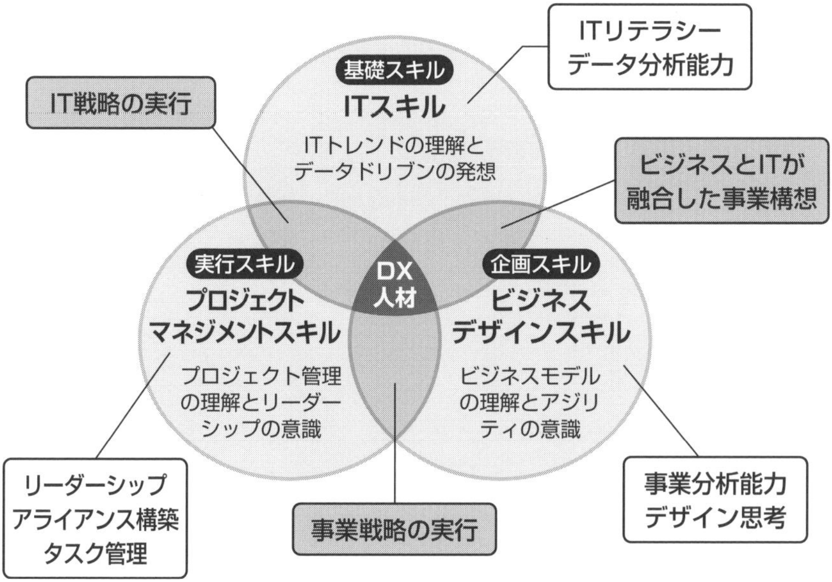

コラム

資格試験でＩＴスキルをチェック

ＩＴスキルをチェックするには、ＩＴに関する基礎的な知識の習得に適しているＩＴパスポート試験が有効です。ＩＴパスポート試験は、独立行政法人情報処理推進機構（ＩＰＡ）が運営するＩＴに関する基礎的な知識が証明できる国家試験です。2009年から10年間で、100万人を超える応募者がチャレンジしています。

ＡＩ、ビッグデータ、ＩｏＴといった新技術や開発手法、情報セキュリティのほか、経営戦略やマーケティング、プロジェクトマネジメントなど、幅広い分野の知識を問う試験なので、ＤＸ人材に必要な３つのスキルのチェックにも役立ちます。ＣＢＴ（Computer Based Testing）方式というコンピュータに表示された試験問題に回答する形式で、自分の好きなタイミングで受けられるので、ぜひチャレンジしてください。

ＤＸ人材の育成方法

人材育成もＰＤＣＡの意識が重要

ＤＸ人材は、ＩＴスキルやデザイン思考など、従来の中小企業では持つことが難しかったスキルが必要となるため、長期的な視点で育成することが重要です。「ビジョンの設定・人材戦略の策定→育成・教育→人事評価→修正」というＰＤＣＡのサイクルを回して計画的に育成します。

人材戦略を考える際は、前項のＤＸ人材に必要なスキルのなかで、短期と中長期に分けて、内製化するスキルと外部を活用するスキルを決めます。

教育で外部研修を取り入れる場合は、厚生労働省管轄の独立行政法人高齢・障害・求職者雇用支援機構が提供する**生産性向上支援訓練**が有効です。ＩｏＴや組織マネジメント、マーケティングなどのカリキュラムが用意され、ニーズに合わせてオーダーメイドのコースが設定できます。１人当たり数千円という受講料に加えて、国の助成金が利用可能という点も魅力です。

奨励制度で意識づけ、人事評価でモチベーションアップ

ＩＴ業界では、業務に関連する資格を取得した従業員に一時金を支給する**資格奨励制度**を取り入れる企業が多いです。資格奨励制度は、スキルアップに対する意識づけを行なうには非常によい制度なので、検討することをお勧めします。

また、ＤＸや新事業にチャレンジした従業員を人事評価で高く処遇することで、モチベーションが上がることが想定できます。チャレンジ精神のある従業員は周囲への波及効果も期待できるので、人事評価のほかにも、イベントでの表彰や実績の紹介などを通じて社内にＤＸ変革のムーブメントを起こすことができれば、ＤＸ人材の育成につながります。

◎DX人材育成のPDCAサイクル◎

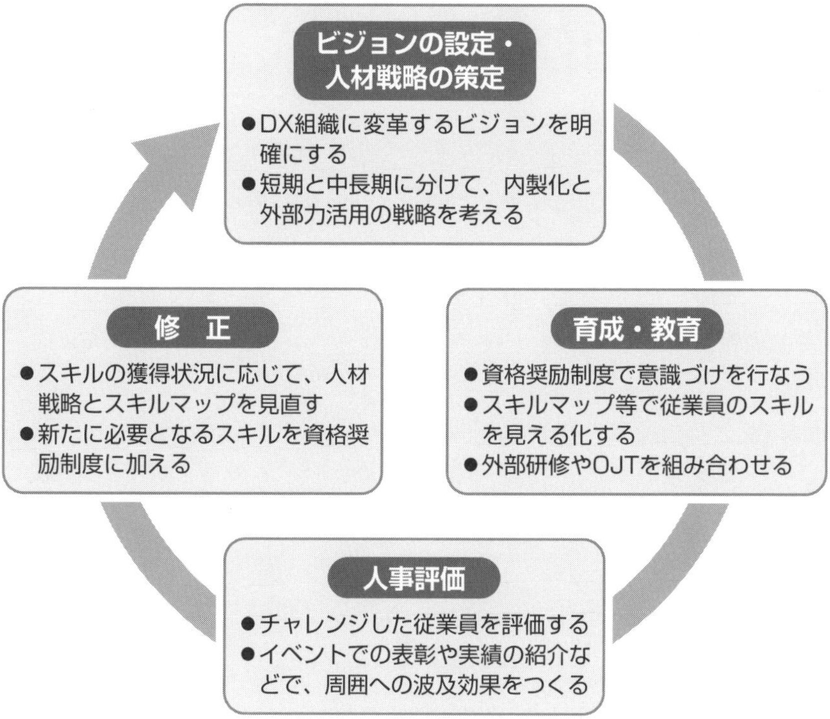

ビジョンの設定・人材戦略の策定
- DX組織に変革するビジョンを明確にする
- 短期と中長期に分けて、内製化と外部力活用の戦略を考える

育成・教育
- 資格奨励制度で意識づけを行なう
- スキルマップ等で従業員のスキルを見える化する
- 外部研修やOJTを組み合わせる

人事評価
- チャレンジした従業員を評価する
- イベントでの表彰や実績の紹介などで、周囲への波及効果をつくる

修　正
- スキルの獲得状況に応じて、人材戦略とスキルマップを見直す
- 新たに必要となるスキルを資格奨励制度に加える

◎DX人材戦略の例◎

必要スキル	短期	中長期
ITスキル	●外部の専門家を活用する ●外部研修と資格取得で、従業員のITスキル向上に取り組む	●ITスキルの高い従業員と協力企業の連携を図る
ビジネスデザインスキル	●若手人材を集めたプロジェクトを組成して、OJTで教育する	●中堅人材をリーダーとして専門組織を立ち上げる
プロジェクトマネジメントスキル	●外部の専門家にファシリテーション、タスク管理を依頼して、OJTで教育する	●PMO（Project Management Office）の担当者をアサインして、全社横断でプロジェクト管理する

5-7 外部力の活用方法

ＩＴスキルとプロジェクトマネジメントスキルは外部力を

ＩＴスキルとプロジェクトマネジメントスキルが社内に不足している場合は、外部力をうまく活用しましょう。行政や商工会議所・商工会では、中小企業診断士やＩＴコーディネータなどの資格と企業支援の経験を持った専門家を登録し、派遣してくれる制度があります。

また、中小企業・小規模事業者を対象に中小企業庁が委託運営している支援情報サイト「中小企業119」（旧ミラサポ）でも、同様の派遣制度を設けています。いずれも、無料または一部の自己負担だけで支援を受けられるので、積極的に活用しましょう。

そのほか、中小企業庁が2020年９月から開始した「中小企業デジタル化応援隊事業」では、支援に加えて開発や実装といった実行段階の業務もＩＴの専門家に依頼できます。

ビジネスデザインスキルは内製化が大原則

一方、事業の中核となるアイデアや企画を考えるビジネスデザインスキルは、内製化が大原則です。自社の強み・弱みや市場情報、お客様の評価などは事業を行なっている組織や担当者が一番よくわかっています。

ＤＸ戦略を企画立案し、実行するフェーズは社内のリソースが中心となって推進することが重要です。外部力を活用する場合は、アイデアをまとめるファシリテータ役やＩＴツール・事例の紹介といった支援者の立場として参画してもらいます。

最近では、無料で利用できるクラウドツールや期間限定のトライアル版などが数多く提供されているので、企画段階では社内でプロトタイプをつくって検証し、効果を確認した後に開発をアウトソースすることもできます。

◎主な専門家派遣制度◎

派遣元	内容	費用	支援の代表例
都道府県・市区町村	ITコーディネータや中小企業診断士、社会保険労務士などを複数回派遣してくれる	一部自己負担（内容によっては無料の制度もある）	東京都中小企業振興公社 名称：専門家派遣事業 利用回数：１年度１回利用可能 派遣回数：８回まで 費用：１回11,750円＋交通費の1/2
中小企業119（2021年４月からミラサポに代わってスタート）	金融機関などのよろず支援拠点・地域プラットフォームが窓口となって、登録された専門家を派遣してくれる	無料	中小企業119 名称：専門家派遣 派遣回数：３回まで（ITは５回） 費用：無料
商工会議所・商工会	エキスパートバンク 登録された専門家を派遣してくれる	無料	大阪商工会議所 名称：エキスパートバンク 派遣回数：５回まで 費用：無料
全国団体中央会	個別専門家指導事業 IT活用、法律、会計・税務などの組合等の課題に対して専門家を派遣してくれる	無料	全国団体中央会 名称：個別専門家指導事業 派遣回数：２回まで 費用：無料
信用保証協会	専門家派遣事業 生産性向上やマーケティング、事業計画などの支援を通じて経営改善をサポート	無料	東京信用保証協会 名称：専門家派遣事業 派遣回数：希望により10回程度 費用：無料

（2021年４月現在の情報です。予算等の都合で変更になる場合があります）

◎外部力を活用する領域◎

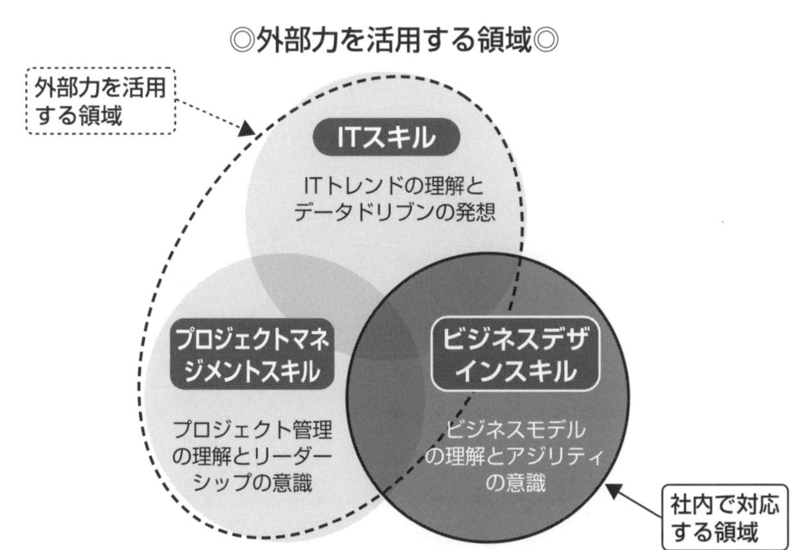

5-8 ＤＸ型組織への変革方法

トップダウンとボトムアップで企業文化をデジタル化する

アナログ文化の企業がデジタル化するためには、経営者や従業員の**意識改革**が求められます。

そのためには、ビジョンや戦略を示してデジタル化を率先する**トップダウン**と、従業員１人ひとりがデジタル化にチャレンジする**ボトムアップ**の両方の取組みが必要です。

トップが強い意志を示す

ＤＸ型組織への変革は、企業文化をアナログからデジタルに変革することを意味します。パソコンは苦手とか、いまの仕事のしかたで問題ないと思っているデジタル化の抵抗勢力は、多くの企業に存在します。抵抗勢力の反発を乗り越えてデジタル化するためには、トップ自らがデジタル化に取り組み、意識を変える必要があるのです。

ボトムアップは小さな成功体験から

これまでデジタルの力を使ってこなかった企業ほど、現場はアナログ業務に慣れ親しんでいます。ムダや非効率な部分があるとわかっていても、長年行なってきたやり方を変えるのは抵抗があります。最初から一気にシステムを入れ替えたり、手順を大幅に変更するのではなく、取り組みやすい身近な問題をデジタル化で解決して効果を確認する、**Small Start & Quick Winの発想**が重要です。

「小さな成功体験」を積み重ねることで、現場がデジタル化のメリットを感じ、ＤＸ型組織に変わっていきます。身近な課題に対する取組みでも、管理者やリーダーが気づいていなかったムダが見つかり、予想していなかった効果が生まれることもあります。

現場がデジタル化のメリットを感じることができれば、デジタル文化はすぐに企業内に浸透していくはずです。

◎自社のデジタル度をチェックしてみよう◎

項目	0ポイント		1ポイント		2ポイント		3ポイント	
	内容	✓	内容	✓	内容	✓	内容	✓
パソコン	1人1台支給されていない		1人1台デスクトップのみ支給されている		ノートブックが支給されている		BYODで個人のパソコンを使用している	
FAX	業務に不可欠である		たまに使用している		ほとんど使用していない		FAXはない	
社内連絡	電話のみ使用している		主にEメールを使用している		SNSも使用している		主にSNSを使用している	
行動予定	紙で管理している		Excelをファイルサーバで共有している		グループウェアやクラウドで共有しているが、個人の予定表とは連携していない		グループウェアやクラウドで共有しており、個人の予定表と連携している	
ホームページ	ない		1年以上更新されていない		定期的に更新されている		SNSや動画も活用している	
顧客情報	個人が名刺を管理している		全社or部門でExcelで名刺情報を共有している		クラウドで名刺情報を共有している		名刺情報をメルマガ等で活用している	
社内文書	手書きで作成している		Word等で作成しているが共有されていない		Word等で作成してファイルサーバで共有している		システムやクラウドサービスで作成・共有している	
経費精算	手書きで作成している		Excel等で作成して紙で申請している		Excel等で作成してEmailで申請している		システムやクラウドサービスで申請している	
テレワーク	まったく行なっていない		一部の部署・担当が行なっている		全社で行なっているが、日数が限定されている		自由に行なえる	
経営陣の意識	ITは必要ないと考えている		ITは現状維持で十分と考えている		ITはある程度必要な経費だと考えている		ITは積極的に投資しようと考えている	
✓の数×ポイントの合計								
ポイント合計								

ポイント合計	デジタル度	コメント
0～5	アナログ期	DXを実行するには経営陣の意識改革が必要です
6～15	DX導入期	積極的に投資して、DXを浸透させる必要があります
16～25	DX成長期	DXが組織内に根づき始めています
26～30	DX拡大期	DXで事業変革が実現できるレベルです

COLUMN

あなたの会社のＣＩＯは？

「ＣＥＯ」という役職は聞いたこともある人が多いと思います。ＣＥＯは、アメリカ企業で使われ始めた組織上の呼び名で、Chief Executive Officerの略、日本語では最高経営責任者と訳されます。日本では、代表取締役社長という肩書が使われることが多いですが、代表取締役をＣＥＯ、社長をPresidentとして、英語の肩書はPresident & ＣＥＯにする場合も多いです。

ＣＥＯのExecutiveの部分をさまざまな業務に変えて、その業務における最高執行責任者を意味するＣｘＯ（「Chief＝組織の責任者」＋「x＝業務・機能」＋「Officer＝執行役」）という肩書が広がっています。「ＣＩＯ」は、Chief Information Officerで、情報システム部門の最高責任者ということになります。

ほかにも、業務執行の責任者は「ＣＯＯ」(Chief Operation Officer)、マーケティングの責任者は「ＣＭＯ」(Chief Marketing Officer)、セキュリティの責任者は「ＣＳＯ」(Chief Security Officer）など、さまざまなＣｘＯがあります。

最近では、ＤＸの普及に伴って、「ＣＤＯ」(Chief Digital Officer）という肩書も登場しており、欧米には数千人のＣＤＯがいるようです。ちなみに、ＣＥＯを含めてＣｘＯは日本の会社法に規定はないので、その会社独自の呼び方です。

中小企業でも、ＩＴやデジタルの力を利用することが必須な時代になってきています。本章で見てきたように、責任者を決めることがＤＸを成功させるポイントの１つなので、ＣＩＯやＣＤＯというような肩書はなくても、リーダーの責任と権限を決めて、ＤＸプロジェクトを遂行していくことが重要です。

明日、ＣＩＯやＣＤＯに指名されても困らないように、デジタルを活用するためのＩＴスキルは、日ごろから意識して身につけるようにしましょう。

事例でみる ＤＸによる新顧客戦略

Digital Transformation

執筆 ◎ 木佐谷 康

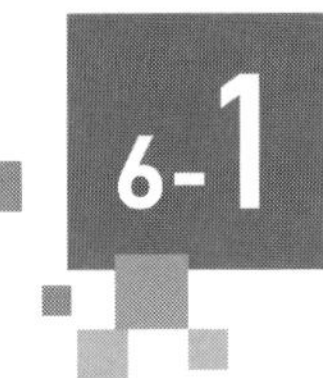

守りのＤＸの事例①
ペーパーレスの実現

ホワイトボードの生産管理板のデジタル化からスタート

Ｓ社は、10年以上前に構築した生産管理システムのリプレース、ペーパーレス、テレワーク対応、スマート工場の実現などの課題を抱えていましたが、ＩＴベンダーに相談しながら社内で検討してもなかなか結論が出ないため、行政の専門家派遣制度を利用してデジタル化に取り組むことにしました。

専門家に相談したところ、まずは身近な課題をデジタル化で解決する方針となり、工場に設置したホワイトボードに記入していた生産管理板のデジタル化に取り組みました。

コストをかけずに実現するために、ファイルサーバに保存したExcelファイルに生産数量の予実を記入し、パソコンに大型モニターを接続する方式に決定。実施に向けて社内調査を行なったところ、生産管理板の情報を会議資料や日報に転記していることがわかり、年間180時間の削減効果があることが判明し、１か月弱で導入しました。

小さな成功体験を積み重ねてペーパーレスを実現

Ｓ社は、経営陣と現場の双方がデジタル化の効果を実感したところで、ペーパーレスに取り組んでいます。

Ｓ社の生産管理システムは、Excel経由で帳票を出力していたことから、ＰＤＦ出力に切り替え、ＰＤＦファイルを複数で共有、追記が可能なツールとタブレットを導入しました。

万が一のリスクを避けるために、ラインごとに１か月程度の期間を設けて導入しましたが、従来の指示書とまったく同じフォーマットで表示され、従業員も個人のスマホやタブレットの操作に慣れていたことから、非常にスムーズに完了し、月間3,200枚出力していた生産指示書のペーパーレスに成功しました。

◎身近な課題解決からペーパーレスに移行◎

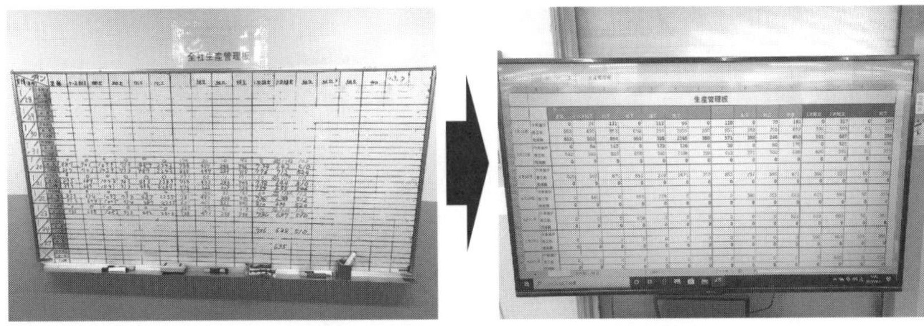

生産管理板のデジタル化で小さな成功体験

タブレットを確認して作業

【ＤＸ成功のポイント】

DXのヒント	成功のポイント
ペーパーレス	生産管理システムの特徴を活かして、PDFによるペーパーレスを実現
外部力の活用	専門家派遣制度や補助金を活用して、デジタル化のハードルを下げる
Small Start & Quick Win	ホワイトボードに記入していた生産管理板のデジタル化で小さな成功体験を積んで、ペーパーレスを実現

【会社概要】

会社名	Ｓ社		
本社所在地	東京都		
資本金	2,000万円	従業員数	80人
事業内容	機械部品製造・販売		

6-2 守りのＤＸの事例②　自動化の実現

業務の自動化をめざしてＲＰＡとＯＣＲを検討

東洋運輸倉庫株式会社が、輸入業務の自動化をめざしてＲＰＡとＯＣＲの検討を開始したのは、2020年８月ごろです。

数年前からＲＰＡによるデータ連携を検討していましたが、ＲＰＡによる自動化だけであればプログラミングでも対応できるため、ＯＣＲの認識率が向上しているという情報をきっかけに輸入業務で多いＰＤＦや紙の情報入力の自動化にチャレンジしました。

お客様ごとに異なるフォーマットでメールやＦＡＸで送付される通関依頼書は毎月700件程度あり、４人の担当者が毎日、数時間から半日程度の時間をかけて請求管理システムに入力していました。

全部で30～40種類ほどあるフォーマットのうち、現在は２種類のフォーマットの300件／月をＯＣＲでＣＳＶデータに変換し、ＲＰＡが請求管理システムに自動で入力しています。

３か月で本番運用を開始

導入から３か月で本番運用を開始できたのは、情報システム部門がプロジェクトをリードし、ＯＣＲのフォームの登録やＲＰＡのシナリオ設計を行なったことが主な要因です。

ＯＣＲでは、文字と数字の設定や罫線の認識等の微調整を行ない、現在では98％まで認識率が向上しています。ＲＰＡは、メーカーであるユーザックシステム社のＱ＆Ａや動画を参考にシナリオを設計し、不明点はＳＥのサポートを受けてロボット開発しました。

導入前には、手入力のほうが早いのではという意見を持っていた現場の担当者も、実際に導入してみると、楽になった、起動しておけば別の作業ができるといった効果を実感しています。

今後は、通関依頼書のフォームの追加による処理量の増加のほか、在庫データの客先への定期報告にＲＰＡを活用する予定です。

◎OCRとRPAの組み合わせで自動化を実現◎

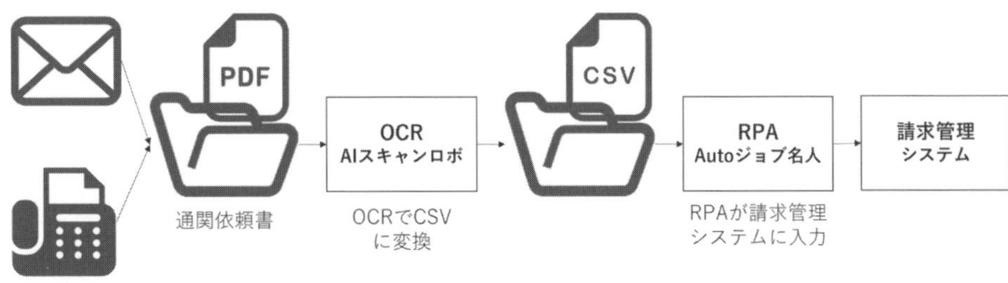

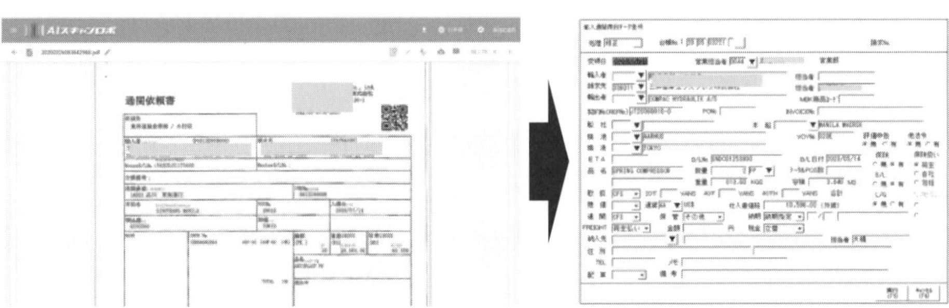

ＯＣＲで読み取り　　　　ＲＰＡがシステムに自動入力

【ＤＸ成功のポイント】

DXのヒント	成功のポイント
自動化	RPAとOCRを活用して、月間300件の入力作業を自動化
外部力の活用	メーカーの公開情報だけでなく、SEの支援を受けてRPAのシナリオを設計・開発
Small Start & Quick Win	情報システム部門がリードして３か月で本番運用を開始し、３年間の長期で効果を出すことを経営陣と合意

【会社概要】

会社名	東洋運輸倉庫株式会社		
本社所在地	東京都港区西新橋１丁目22番10号 西新橋アネックスビル５Ｆ		
資本金	１億9,100万円	従業員数	110人
事業内容	通関業、営業倉庫、貨物運送取扱業、保税蔵置場、損害保険取扱業務		

守りのＤＸの事例③ 見える化を実現

コインランドリー＋ＩｏＴ＝差別化

コインランドリーの企画・運営を行なう株式会社wash-plusは、ＩｏＴを活用して、利用者の不便を解決するサービスを提供しています。

スマホアプリ「Smart Laundry」を利用すれば、利用者はランドリー機器の空き状況が確認できるだけでなく、盗難対策のドアロックやのぞき窓の半透明化などをリモート操作できます。

オーナー側も店舗の利用状況の確認や返金のリモート操作を行なうことができ、アプリで使える割引券を発行して、販売促進も行なえます。コインランドリー業界はＩＴ導入が進んでいなかったため、ＩｏＴ化で他社との差別化を図っています。

自分が不便と思うことをＩＴで解決

創業のきっかけは、不動産業の２代目だった社長が新事業としてコインランドリーを始めるにあたり、子供の肌荒れの対策のために洗剤を使わない洗濯機をコインランドリーに持ち込めないかと奔走した末、洗濯機製造大手の山本製作所と共同で、コインランドリー用の洗濯機を開発したことです。

その後、現金書留による返金や無人店舗では割引券が発行できないことなど、自分が不便と思ったことをＩＴで解決してきたところ、ＩＴが普及していなかったコインランドリー業界で大きな差別化になっています。

外部力と補助金を使ってアイデアを実現する

また、中小企業に不足しがちな販売力や資金力は、外部力と補助金をうまく活用しています。現在は、山本製作所に販売を委託し、wash-plusは企画・開発管理、保守・運用に専念し、システム開発は補助金を活用して投資金額を抑えています。

◎スマホでコインランドリーを遠隔操作◎

（出典：株式会社wash-plusホームページ）

【ＤＸ成功のポイント】

DXのヒント	成功のポイント
見える化	IoT技術を活用してコインランドリーを見える化
製品・サービスの変革	オーナーや利用者の「困った」を解決
外部力の活用	外部力を活用して自社の得意分野に集中

【会社概要】

会社名	株式会社wash-plus		
本社所在地	千葉県浦安市猫実1-9-5		
資本金	1,600万円	従業員数	８人
事業内容	総合コインランドリー事業		

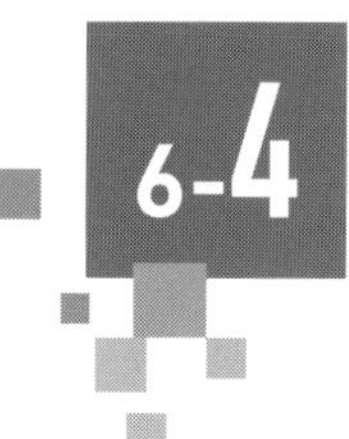

6-4 守りのＤＸの事例④ 働き方改革を実現

事務機販売業からワークスタイル創造提案業に変革

岡山県岡山市で1911年に創業した株式会社ワークスマイルラボは、もともとは事務機やオフィス用品の販売事業を行なっていました。リーマンショックによる業績悪化を機に、ワークスタイル提案による製品やサービスの提供を始め、現在は、自社の業種を「笑顔溢れるワークスタイル創造提案業」と位置づけています。

同社がテレワークに最初に取り組んだのは2016年。小さな子供がいるパート社員が子供の病気で休むと、代わりの人材がいないために業務への影響が大きかったことがきっかけでした。

テレワークを導入すると、１年で残業が41.3％減る一方、売上は104.8％、粗利は113.6％の増加、人時生産性が107.6％に上がり、社員満足度も高まりました。さまざまな賞の受賞や取材などの影響もあり、岡山県の希望就職先で大企業に混ざってベスト10に入るなど、新卒採用にも好影響が出ています。

自社オフィスはワークスタイル変革のショールーム

同社では、テレワーク以外にも、毎朝タブレットのアプリで席を抽選するフリーアドレスや、目標の進捗をＫＰＩの達成状況で表示する大型ディスプレイなど、工夫を凝らして従業員の働き方改革を実践しています。自社のテレワーク導入ノウハウをパッケージ化してテレワーク導入支援も行なっており、自社オフィスをワークスタイル変革のショールームとして活用することで、従業員50名以下の中小企業をターゲットにわかりやすい提案を実現しています。

テレワークの制度やＩＴ環境を整備しても、なかなか運用が進まない企業にとって、自社のオフィスを見せながらの経験にもとづく提案は非常に高い説得力となり、約100社のテレワーク導入を支援しています。

◎働きやすいオフィスでモチベーションアップ◎

(出典：株式会社 WORK SMILE LABO ホームページ)

【ＤＸ成功のポイント】

DXのヒント	成功のポイント
働き方改革	テレワーク導入を契機に生産性を向上させ、従業員のモチベーションをアップ
ペーパーレス	FAXの電子化、電子契約、経費精算クラウドなどを活用して、どこでも働ける環境を実現
プラットフォーム化	自社の課題解決をパッケージ化して、顧客の課題解決を支援
トップダウン＆ボトムアップ	ワークスタイル創造提案業への転換という社長の決断に、現場のさまざまなアイデアをプラス

【会社概要】

会社名	株式会社 WORK SMILE LABO（ワークスマイルラボ）		
本社所在地	岡山県岡山市南区福浜町15-10		
資本金	5,300万円	従業員数	31人
事業内容	笑顔溢れるワークスタイル創造提案業		

攻めのＤＸの事例①
製品・サービスの変革

地元のパン店の相談から５年の研究開発

システム開発を手がける株式会社ブレインが開発したBakeryScan（ベーカリースキャン）は、トレイ上のパンの種類と値段をＡＩの画像認識技術を使って識別し、レジ精算するシステムです。

開発のきっかけは、地元のパン店の社長から、パンを識別して自動で精算できるシステムを開発してほしいと相談を受けたことでした。

従業員25人のうち16人がエンジニアという同社は、パンに関連したシステム開発は未経験。包装されていないパンにはバーコードやＩＣタグなどがつけられないため、カメラを使用した画像認識技術の活用に目をつけ、５年に及ぶ研究開発の結果、トレイ上のパンを自動認識して精算できるBakeryScanを製品化しました。

環境変化や顧客ニーズに合わせて機能や仕様を追加

BakeryScanを導入したパン店は、レジ待ちの時間短縮による顧客満足度の向上、レジ打ち担当者やレジ台数の削減による経費削減、パンの種類や価格を覚える研修期間の短縮などのメリットがあるため、2013年の販売開始以来600店舗に1,000台が導入されています。

BakeryScanは、環境変化に合わせて進化しています。新規導入店舗や新人の教育用のトレーニングモード、セミセルフ決済のための自動釣銭機、キャッシュレス端末などが、ユーザーの要望に合わせて追加されています。

また、新型コロナウイルス対策として透明な袋で個包装されたパンを識別できる機能も開発しました。

さらに、2021年１月には、箱に入ったケーキを識別する機能が発表され、人手不足に悩むベーカリーショップ、ケーキショップの課題解決をサポートしています。

◎ＡＩによる画像認識技術でレジのオペレーションを変革◎

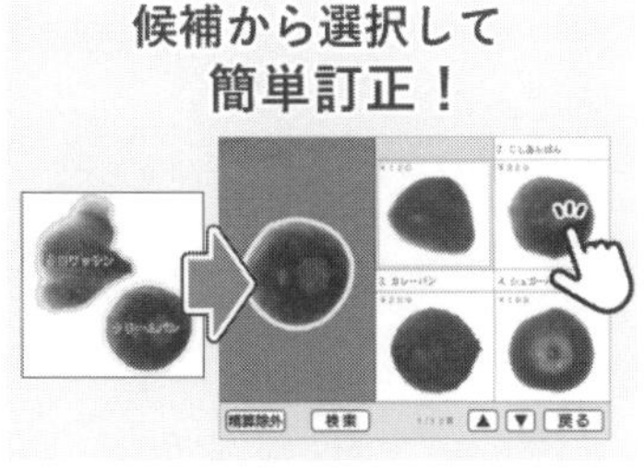

トレイをカウンターに置く

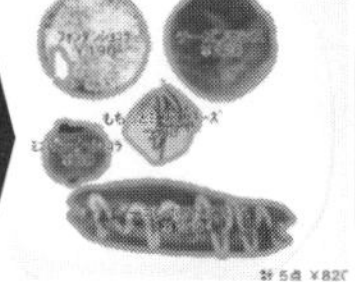
約１秒でスキャン

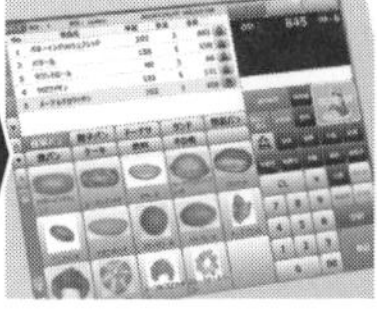
ボタン１つでレジ入力

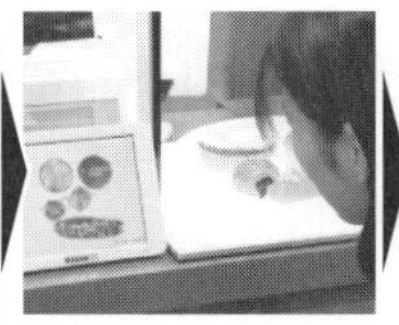
対面モニタでお客様も確認

セミセルフ精算も可能

（出典：株式会社ブレイン ホームページ）

【ＤＸ成功のポイント】

DXのヒント	成功のポイント
製品・サービスの変革	顧客の課題解決をめざして、製品・サービスの変革を実現
自動化	AIの画像認識技術を活用して、レジ打ち作業を自動化
顧客体験の変革	レジの待ち行列がなくなり、対面型モニタで商品と価格を確認して精算を完了

【会社概要】

会社名	株式会社 ブレイン		
本社所在地	兵庫県西脇市鹿野町1352		
資本金	5,000万円	従業員数	25人
事業内容	通信・情報処理・制御・計測・放送・医療などに関するコンピュータシステムの研究・開発		

6-6 攻めのＤＸの事例②顧客体験の変革

IoTとビッグデータでニーズを把握し、路線バス事業を見える化

小江戸とも呼ばれる埼玉県川越市に本社を構えるイーグルバス株式会社は、ＩｏＴを活用して顧客ニーズや課題を見える化し、赤字路線の改善に成功しています。

きっかけは、大手バス会社から引き継いだ赤字路線を改善する際に、対策を打つための実態が見えなかったことでした。すべての路線バスにＧＰＳと赤外線センサーを設置し、乗降客数や時間帯による増減、遅延などのデータを取得することと合わせて、利用者のアンケートも実施しました。ビッグデータとユーザーの生の声を分析して、運行状況の見える化を実施し、ダイヤや停留所の位置、路線の設計などを改善しました。

たとえば、特定のバス停の乗降客数が増えた際に、新たな商業施設のオープンが原因ということがわかれば、運行本数を増やして乗降客数の増加に対応できます。

見える化による最適化から新規需要創造へ

イーグルバスでは、見える化によるバス事業の最適化に加えて、新規需要の創造やまちづくりにも取り組んでいます。

まずは、既存のバス路線をハブ＆スポーク化して、バスの台数を増やさずに運行密度を増強します。ハブ＆スポークとは、大規模拠点（ハブ）に貨物や旅客を集中させ、そこから各拠点（スポーク）に分散させることで効率化を図る手法です。

次に、ハブに商業施設を併設することで、集中するバス利用者が商業施設を利用して賑わいを創出。最後に複数のハブを結び付けて、相乗効果を図るというものです。

こうした取組みを通じて、顧客の新たなニーズや体験を生み出し、事業のさらなる拡大に結び付けています。

◎顧客ニーズと運行データを見える化◎

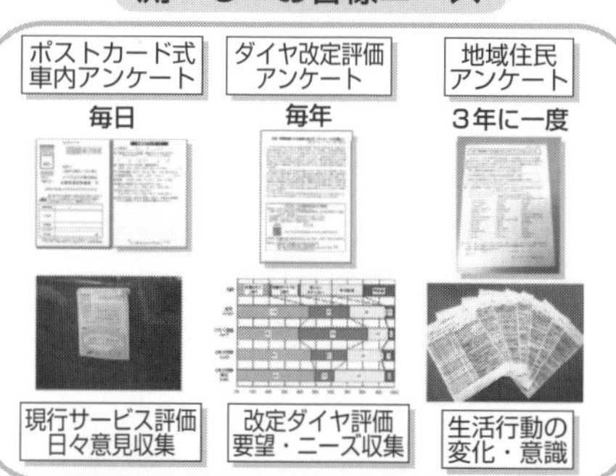

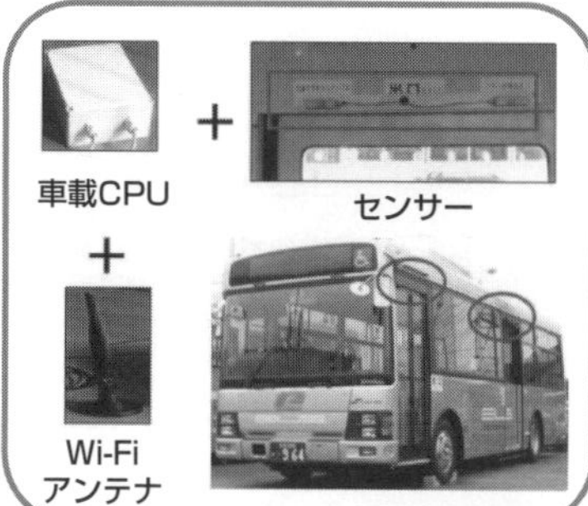

ハブバス停 せせらぎバスセンター

小江戸・川越を走る日本初の電気ボンネットバス

（出典：イーグルバス株式会社発表資料、ホームページ）

【ＤＸ成功のポイント】

DXのヒント	成功のポイント
顧客体験の変革	IoTとデータの力で見える化した結果を新規需要創造につなげる
見える化	IoTで収集したビッグデータとアンケートで収集したユーザーの声で事業を見える化
プラットフォーム化	自社で実践した改善手法をモデル化して、国内外の自治体やバス事業者をコンサルティング

【会社概要】

会社名	イーグルバス株式会社		
本社所在地	埼玉県川越市中原町２丁目８番地２		
資本金	5,000万円	従業員数	214人
事業内容	路線バス、送迎バス、高速バス、観光・貸切バスなどの総合バス事業		

攻めのＤＸの事例③ プラットフォーム化

データ経営により、廃棄ロス削減と働き方改革を実現

有限会社ゑびやは、三重県伊勢市で和食堂や土産物店を営む創業100年以上の老舗ながら、デジタルとデータの力を活用して、売上を急速に伸ばしています。

「業務効率と収益率を上げて、未来への投資や賃金上昇、休暇の付与につなげたい」という信念のもと、食券や手書き伝票、台帳に頼っていたアナログ管理から、ＰＯＳレジの導入や来店客数の予測システムの開発を通じてデータ経営に移行しました。

ＲＰＡやＡＩを活用した来店客数の予測システムにより、食品の廃棄ロスを約７割削減し、完全週休２日制、有休消化率約８割という働き方改革も実現しました。

自社の課題解決ツールをプラットフォーム化して外販

自社の課題を解決した来客予測ＡＩツールは、現在「EBILAB（エビラボ）」として外販され、100社を超える企業に導入されています。EBILABは、ＰＯＳの売上データや店頭の通行量、入店者数、来店者の属性を可視化したり、天気予報や周辺の宿泊状況、グルメサイトの情報を組み合わせて来店客数を予測する飲食店向けクラウドサービスの開発・販売サポートです。

ゑびや大食堂で平均95.7％の的中率を出した来客予測により、来客数に応じた人員配置や食材の発注、料理の仕込みを行なうことができ、飲食店の経営効率を大幅に改善できます。

また、通行量や来店者の属性、注文データを分析することで、若者が多い日はがっつり系のメニューを店頭看板に使用、シニア層が増える時間帯はあっさりした料理を中心にするなど、集客にも活用することもできます。効率化だけでなく、売上アップにもつながり、勘に頼らないデータにもとづいた店舗経営が可能になります。

◎リアルタイムのデータを活用◎

店舗経営に必要な情報を一元管理

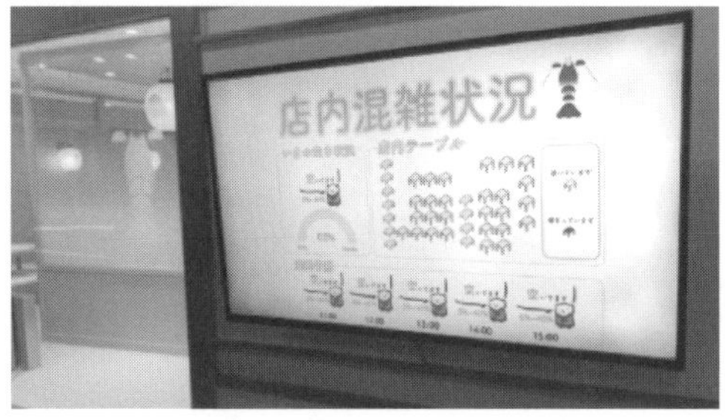

店内の混雑状況がわかるので３密回避も可能

（出典：株式会社EBILAB ホームページ）

【ＤＸ成功のポイント】

DXのヒント	成功のポイント
プラットフォーム化	さまざまな情報を組み合わせて来店客数を予測するツールをプラットフォーム化して外販
働き方改革	デジタルとデータの力を活用して効率化を図り、働き方改革を実現
外部力の活用	当初は自社開発した来店予測AIをパートナーとの共同開発でブラッシュアップ

【会社概要】

会社名	有限会社ゑびや		
本社所在地	三重県伊勢市宇治今在家町13		
資本金	500万円	従業員数	４人
事業内容	飲食店、物販		

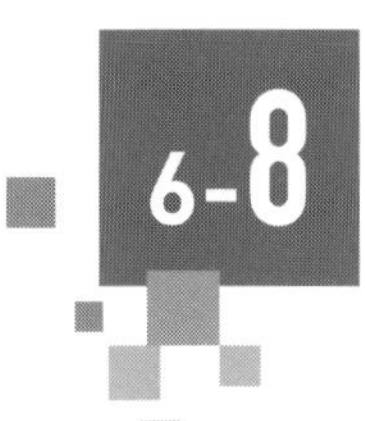

6-8 組織・人材のＤＸの事例①
外部力の活用

平均31.8歳のプロジェクトに外部の専門家が参画

藤工業株式会社は、埼玉県さいたま市に本社を置く住宅用鉄筋のメーカーです。住宅用鉄筋は、建設現場に直接納入されるため、天候や工事進捗の影響で納期が変更されることが多く、納期変更に対応するための手戻りや残業が問題になっていました。

2019年に公益財団法人さいたま市産業創造財団の専門家派遣の提案をきっかけに、藤田社長の思いから若手主体の業務改善プロジェクト「プロジェクトＭ」を立ち上げました。同財団から筆者が派遣されることになり、平均年齢31.8歳のメンバーと工場の問題点やなりたい姿を月１回のペースで議論しながら、デジタル化による課題解決を行なっています。

Small Start & Quick Winで作業進捗の見える化を実現

最初に取り組んだのは、事務所からの納期変更連絡と工場の進捗状況の見える化です。これまで納期変更の連絡は、事務所が電話やファックスで受け、工場にLINEの写メを使って１日７～８回連絡していました。事務所では工場の進捗が見えないため、そのつど電話で確認したり、作業が完了した製品の納期変更を受けるなど、多くのムダが発生していました。

プロジェクトＭで検討の結果、Googleスプレッドシートで作業予定と変更情報を管理し、工場側で作業進捗を入力することでカイゼンできることが確認できたため、サイボウズ社のkintoneとタブレットを導入して、本格的な運用を開始しました。フリーツールで効果を確認したうえで本格導入することで費用対効果が明確になり、投資判断がしやすくなります。

納期変更と作業進捗の見える化により、残業労務費33％減、月間出荷量10％増の実績を上げ、ＩＴ投資を約２か月で回収しています。

◎1日7～8回の納期変更と作業進捗をリアルタイムでチェック◎

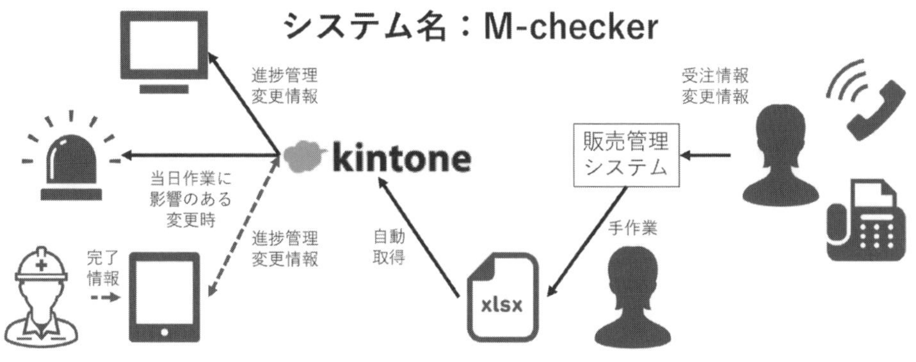

【ＤＸ成功のポイント】

DXのヒント	成功のポイント
外部力の活用	さいたま市産業創造財団のスマートものづくり応援隊事業を活用してデジタル化を推進
見える化	納期変更と作業進捗の見える化により、残業労務費33%削減、月間出荷量10%増を実現
トップダウン&ボトムアップ	社長の決断により、平均年齢31.8歳のプロジェクトチームを結成
Small Start & Quick Win	フリーツールで費用対効果を明確にして、投資判断を容易に

【会社概要】

会社名	藤工業株式会社		
本社所在地	埼玉県さいたま市岩槻区古ヶ場2-7-1		
資本金	1,000万円	従業員数	90人
事業内容	鉄筋の加工・施工・運搬		

6-9 組織・人材のＤＸの事例②　トップダウン＆ボトムアップ

社長が先頭に立ってＩＴカイゼンに着手

1961年創業の株式会社今野製作所がデジタル化に取り組んだのは、2008～2009年のリーマンショックによる大幅な受注減がきっかけです。

顧客創造のために設計力を強化し、受注設計生産サービスを開始しましたが、見込み生産、受注生産、受注設計生産、下請型部品加工といった複数の生産形態が混在し、現場が混乱していました。

そこで、中小企業診断士の資格を持つ今野社長が先頭に立ち、ＩＴカイゼンに取り組みました。

チーム経営で現場の課題を解決

在庫管理や協力工場への発注、営業案件情報の管理、生産管理などのさまざまな現場の課題を解決するにあたり、機能やコストの面で自社に合った生産管理システムが見つからず、自社開発を決断しました。

その際に、法政大学の西岡教授や中小企業診断士・ＩＴコーディネータ等の支援を受けることで、ＩＴスキル、プロジェクトマネジメントスキルを外部力で調達しています。

外部力の活用と合わせて、ＤＸ成功のカギになるのが、同社が進めるチーム経営です。経営層が全社の課題解決に当たる経営推進チームと、部門横断型の業務課題別チームをつくり、３～５名の少人数のチームで現場の課題を解決しています。

ＤＸを推進するためには、トップのコミットメントだけでなく、企業文化の革新が必要になります。日本のものづくり企業の強みは、現場のカイゼン力といわれていますが、現場の力を活かすことで企業文化の革新につながり、トップが示す目標を達成することができます。

◎チーム経営と見える化でＩＴを活用した情報共有を推進◎

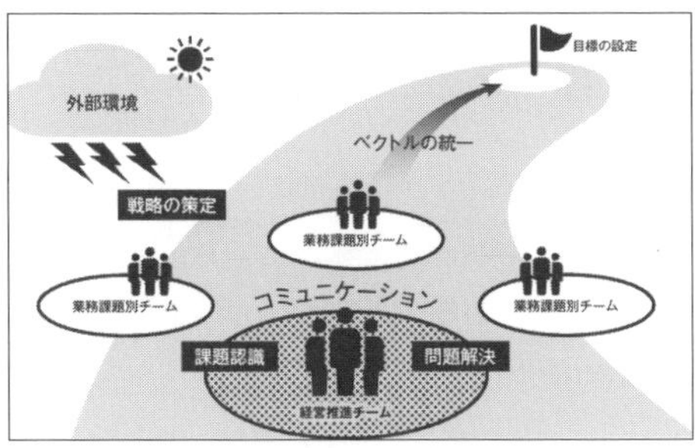

すべての業務課題をチームで
解決する「チーム経営」

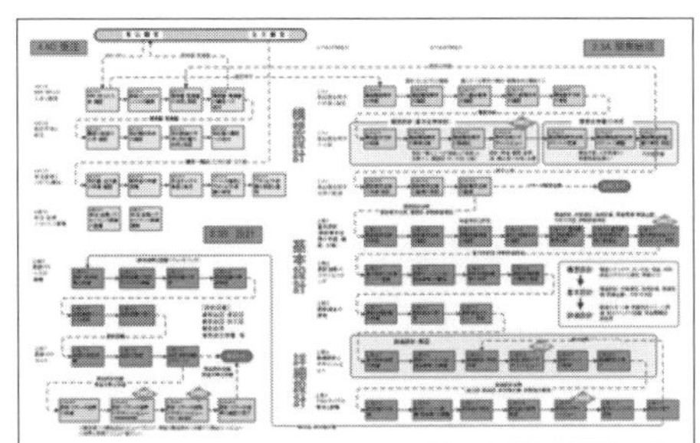

業務プロセスの見える化と
ＩＴ活用による情報共有を推進

（出典：株式会社 今野製作所 ホームページ）

【ＤＸ成功のポイント】

DXのヒント	成功のポイント
トップダウン＆ボトムアップ	社長が先頭に立ち、部門横断型の業務課題別チームが現場の課題を解決
見える化	自社に合った生産管理システムが見つからなかったため、在庫管理や案件管理を自社開発でシステム化
外部力の活用	自社に足りないITスキル、プロジェクトマネジメントスキルは外部力を活用

【会社概要】

会社名	株式会社今野製作所		
本社所在地	東京都足立区扇1-22-4		
資本金	3,020万円	従業員数	39人
事業内容	油圧機器事業、板金加工事業エンジニアリング＆サービス事業、福祉機器事業		

中小企業こそＤＸが重要

ＤＸの実現で他社との差別化を

本章でみてきた事例は、ほとんどが従業員100人以下の企業です。しかも、ＩＴベンチャーのようにＩＴを駆使した事業を行なってきた企業は少なく、製造業や小売業、サービス業などの本業の課題をデジタルの力で解決することでＤＸに取り組んでいます。

ＤＸというと、大企業が取り組むもの、ＩＴ技術者のいない中小企業は難しい、というイメージをお持ちの読者も多いでしょうが、トップのリーダーシップや外部力の活用など、本章で紹介した企業を参考にすれば十分に実現できます。

他社に先んじてＤＸに取り組むことで、デジタルの力を活用した生産性向上や新事業展開が実現できるだけでなく、差別化を図ることもできます。

ＤＸの入り口は１つだけではない

また、事例企業の「ＤＸ成功のポイント」で紹介しているように、ＤＸに取り組んでいる企業は、複数のヒントやきっかけをうまく使って事業や顧客体験の変革を実現しています。

ペーパーレスや自動化、見える化などの「守りのＤＸ」、製品・サービスや顧客体験の変革などの「攻めのＤＸ」、いずれの場合でも、トップダウンで方向性を示し、ボトムアップで企業文化を変革したうえで、外部力を活用して実現するなど、さまざまな工夫やアイデアを使って取り組んでいるのが特徴です。

ＤＸ成功のポイントの１つであるＩＴ化をゴールにしないという点からも、目の前の課題の解決で満足せずに、ＤＸによる変革を絶えず続けていくことが重要です。

事例企業が取り組んできたＤＸのヒントや成功のポイントを参考にして、自社のＤＸにチャレンジしてください。

◎事例を参考に自社のＤＸを考えてみよう◎

DXのヒント	事例企業	成功のポイント
ペーパーレス	S社	生産管理システムの特徴を活かして、PDFによるペーパーレスを実現
	ワークスマイルラボ	FAXの電子化、電子契約、経費精算クラウドなどを活用して、どこでも働ける環境を実現
自動化	東洋運輸倉庫	RPAとOCRを活用して、月間300件の入力作業を自動化
	ブレイン	AIの画像認識技術を活用して、レジ打ち作業を自動化
見える化	wash-plus	IoT技術を活用してコインランドリーを見える化
	イーグルバス	IoTで収集したビッグデータとアンケートで収集したユーザーの声で事業を見える化
	藤工業	納期変更と作業進捗の見える化により、残業労務費33%削減、月間出荷量10%増を実現
	今野製作所	自社に合った生産管理システムが見つからなかったため、在庫管理や案件管理を自社開発でシステム化
働き方改革	ワークスマイルラボ	テレワーク導入を契機に生産性を向上させ、従業員のモチベーションをアップ
	ゑびや	デジタルとデータの力を活用して効率化を図り、働き方改革を実現
製品・サービスの変革	wash-plus	オーナーや利用者の困ったを解決
	ブレイン	顧客の課題解決をめざして、製品・サービスの変革を実現
顧客体験の変革	ブレイン	レジの待ち行列がなくなり、対面型モニタで商品と価格を確認して精算を完了
	イーグルバス	IoTとデータで見える化した結果を新規需要創造につなげる
プラットフォーム化	ワークスマイルラボ	自社の課題解決をパッケージ化して、顧客の課題解決を支援
	イーグルバス	自社で実践した改善手法をモデル化して、国内外の自治体やバス事業者をコンサルティング
	ゑびや	さまざまな情報を組み合わせて来店客数を予測するツールをプラットフォーム化して外販
外部力の活用	S社	専門家派遣制度や補助金を活用して、デジタル化のハードルを下げる
	東洋運輸倉庫	メーカーの公開情報だけでなく、SEの支援を受けてRPAのシナリオを設計・開発
	wash-plus	外部力を活用して自社の得意分野に集中
	ゑびや	当初は自社開発した来店予測AIをパートナーとの共同開発でブラッシュアップ
	藤工業	さいたま市産業創造財団のスマートものづくり応援隊事業を活用してデジタル化を推進
	今野製作所	自社に足りないITスキル、プロジェクトマネジメントスキルは外部力を活用
トップダウン&ボトムアップ	ワークスマイルラボ	ワークスタイル創造提案業への転換という社長の決断に、現場のさまざまなアイデアをプラス
	藤工業	社長の決断により、平均年齢31.8歳のプロジェクトチームを結成
	今野製作所	社長が先頭に立ち、部門横断型の業務課題別チームが現場の課題を解決
Small Start & Quick Win	S社	ホワイトボードに記入していた生産管理板のデジタル化で小さな成功体験を積んで、ペーパーレスを実現
	東洋運輸倉庫	情報システム部門がリードして３か月で本番運用を開始し、３年間の長期で効果を出すことを経営陣と合意
	藤工業	フリーツールで費用対効果を明確にして、投資判断を容易に

COLUMN

ＤＸ先進国のエストニア

バルト三国の１つであるエストニアは、約4.5万km²という九州ほどの国土に、青森県と同程度の約130万人が暮らす小国ながら、ＤＸの先進国として知られています。

99％の公共サービスはオンラインで行なわれ、24時間・年中無休で利用可能、2019年のＥＵ議会選挙では46.8％の国民が電子投票しています。

電子納税や水道光熱費の支払い、契約の署名、銀行サービスにも利用できる電子ＩＤは全国民が所有し、ＩＤ番号は名前のように公開されていると聞くと、セキュリティは大丈夫かと心配になります。エストニアの方によれば、公共と民間のデータベースを接続するe-Estniaと呼ばれる情報ハイウェイは、ブロックチェーン技術と世界最強レベルのサイバー・ディフェンスが守っているので、漏えい等の心配は一切していないということです。

学校教育も、デジタル社会に対応した能力の習得に力が入れられ、ＯＥＣＤの学習到達度調査（PISA）では、2018年に読解力と科学的リテラシーで第１位となるなど、優秀な人材を育てています。こうした優秀な人材が大学で学ぶころから事業を行ない、550以上のスタートアップ企業が存在するスタートアップエコシステムが形成されています。

ユニコーン企業（創業から10年以内で、企業価値評価額が高い未上場のスタートアップ企業）も、無料通話で知られるSkypeを含めて４社あり、国土の大きさや人口を比べると、日本が大きく差をつけられている感もあります。

エストニア大使館の方に話をおうかがいした際に印象的だったのは、日本に来て初めてＦＡＸを受け取ったと驚いていたことです。注文書や申込書をＦＡＸでやり取りすることが多い日本の中小企業は、早くＤＸに取り組む必要がありそうです。

7章

ＤＸを成功させる支援策

Digital Transformation

執筆◎荒川 清志

中小企業生産性革命推進事業①

ＤＸの取組みに活用できる補助金

生産性革命推進事業とは、中小企業・小規模事業者の生産性向上を支援する事業です（URL：https://seisansei.smrj.go.jp/）。

主な支援策として、「ものづくり補助金」「持続化補助金」「ＩＴ導入補助金」の３つがあり、それぞれ設備投資、販路開拓、ＩＴ導入などの事業計画が支援対象になります。ＤＸの取組みにも活用できる補助金です。

一般に補助金の交付を受けるには、その目的にかなう提案内容を事業計画書にまとめることが重要になります。申請対象者になることを確認した後、公募要領に定められる審査項目を踏まえて、補助金で取り組む内容を記載することになります。

経済産業省のＤＸの一環として補助金申請の電子化が進められており、電子申請の前に「ＧビズＩＤ」を取得しておくことが必要です。また通常の場合、補助金は後払いなので、資金繰りも考慮して計画することになります。

◎補助金を受け取るまでの流れ◎

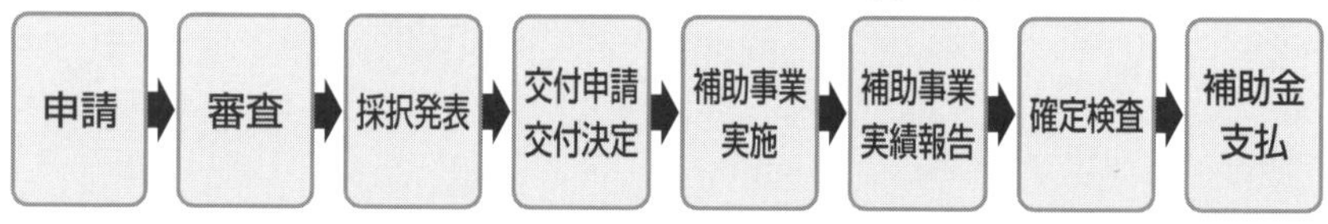

本項と次項で３つの補助金について概要を説明し、原則的な対象者と支援内容を表にまとめています。

なお、実際に申請する場合には、各補助金のWebサイトや公募時期に公表される公募要領などで**最新情報の確認**をお願いします。新型コロナウイルス感染拡大を乗り越えるための投資を行なう事業者向けに特別の支援策が公募時に公表されることもあります。

◎ものづくり補助金（一般型）の基本的な内容◎

対象となる人
以下の要件をすべて満たす事業計画（3～5年）を策定・実施する中小企業・小規模事業者等 ①事業場内最低賃金が地域別最低賃金＋30円以上の水準 ②給与支給総額を年率平均1.5%以上増加 ③事業者全体の付加価値額を年率平均3%以上増加
支援内容
●補助上限金額 一般型：750万円～1,250万円 ●補助率 中小企業者：1/2、小規模事業者等：2/3

（注）2022年6月末現在公表の公募要領等にもとづく。

ものづくり補助金

生産性向上に資する革新的サービス開発や生産プロセス改善を行なう中小企業や小規模事業者の設備投資等に対して交付される補助金です。

ものづくり補助金は創設以来、平成31年（2019年）3月末までに計7回実施され、延べ7万社以上の採択実績があります。ＤＸ事業を取り上げて、新顧客サービスと企業の内部改革を記述して申請すると評価が高まることが期待されます。実際、事業計画名に「デジタル」や「ＤＸ」を含み、ＤＸに関連する事業を取り上げた採択者数や採択者のなかでの割合（シェア）は、最近増加しています。

補助事業者全体の売上高は22.4％、付加価値額は23.4％増加し、補助事業者の付加価値額は、同期間の企業全体（中小企業以外の大企業も含む）に対し、1.5倍の伸び率で付加価値を生み出したことが公表されています。

7-2 中小企業生産性革命推進事業②

持続化補助金（小規模事業者持続化補助金）

小規模事業者が行なう販路開拓の取組みなどを支援する補助金です。補助対象となる取組事例として、新たな販促用チラシ作成、新たな販促用ＰＲ、ネット販売システムの構築、商談会への参加、新商品の開発、店舗改装等があり、攻めのＤＸに活用可能な補助金です。申請者が事業を営む地域により、申請先や問い合わせ先は日本商工会議所と商工会連合会（全国・各都道府県）に分かれます。

ＩＴ導入補助金

サービス業を中心とした中小企業や小規模事業者が、課題解決に必要となる業務効率化・売上アップを図り、新たに生産性向上に貢献するＩＴツール（ソフトウェア等）を導入する際に交付される補助金です。登録されたＩＴツールが補助金の対象になります。

ＩＴツールは、「顧客対応・販売支援」「調達・供給・在庫・物流」「会計・財務・経営」といった企業活動におけるプロセスのなかで、どのプロセスに効果があるのか（生産性が向上するのか）という機能（「業務プロセス」）も含めて登録されています（下表参照）。

種　別		プロセス
業務プロセス	共通プロセス	顧客対応・販売支援
		決済・債権債務・資金回収管理
		調達・供給・在庫・物流
		会計・財務・経営
		総務・人事・給与・教育訓練・法務・情シス
	業種特化型プロセス	業務固有プロセス
汎用プロセス		汎用・自動化・分析ツール

ＩＴ導入補助金では、ＩＴツールの機能によって生産性が向上する業務プロセス数や補助金申請額に応じて区分される類型があります。補助金申請額が30万～150万円未満のＡ類型（通常枠）は、生産性が向上するプロセス数が１以上であれば申請可能です。補助金

◎小規模事業者持続化補助金（一般型）の基本的な内容◎

対象となる人
●小規模事業者：常時使用する従業員が20人（商業・サービス業（宿泊業・娯楽業を除く）の場合は５人）以下の法人・個人事業主 ●一定の要件を満たした特定非営利活動法人
支援内容
●補助率：2/3（一部3/4となる特別枠あり） ●通常枠の補助上限額：50万円 ●特別枠の補助上限額：200万円

（注）2022年６月末現在公表の公募要領等にもとづく。

◎ＩＴ導入補助金通常枠（Ａ・Ｂ類型）の基本的な内容◎

対象となる人
製品・サービスの生産・提供など、生産活動に資する事業を行なっている中小企業・小規模事業者、医療法人、社会福祉法人、学校法人、財団法人（一般・公益）、社団法人（一般・公益）、特定非営利活動法人、等
支援内容
●補助率：1/2以内 ●補助下限額・上限額： 　　Ａ類型…30万～150万円未満（プロセス数１以上） 　　Ｂ類型…150万～450万円以下（プロセス数４以上） なお、ハードウェアも補助対象となる枠が公表されています。詳細はＩＴ導入補助金のWebサイトや公募要領などでご確認ください。

（注）2022年６月末現在公表の公募要領等にもとづく。

申請額が150万～450万円以下と高額なＢ類型（通常枠）は、４以上の生産性が向上するプロセス数が求められます。

7-3 ここからアプリ

ここからアプリとは

「ここからアプリ」(URL：https://ittools.smrj.go.jp/) は、中小企業の生産性向上に関する経営課題を解決するために、ＩＴ導入などについての情報発信を行なうWebサイトです。中小企業・小規模事業者が、使いやすい・導入しやすいと思われる業務用アプリの掲載に加え、ＩＴ導入事例やお役立ち情報、各種ツールなどについての情報が提供されています。

また、アプリを導入する際のポイントをまとめた動画も多数掲載されており、必要な場合にはチャット相談が可能です。「ここからアプリ」は、独立行政法人中小企業基盤整備機構が運営しています。

【便利な機能①】自社の目的に沿ったアプリが検索できる

登録されている業務用アプリは、「アプリ検索」画面の「業種から探す」「目的から探す」「条件から探す」機能等を組み合わせることで、自社の目的に沿ったアプリを確認することができます。次ページの表は「アプリ検索」画面で表示される登録アプリの例です。

【便利な機能②】ＩＴ 導入事例の動画や記事が充実

導入したいアプリが見つかったら、サイトに掲載された「導入事例」を参考に自社で導入を進めることもできますし、支援機関を紹介してもらってＩＴ導入やアプリ（ＩＴツール・クラウドサービス）導入に関する支援を受けながら進めることもできます。

【便利な機能③】ＩＴ導入に関する各種支援策等の情報を掲載

ＩＴ 知識を身につける「セミナー」の紹介、支援が必要なときの「ＩＴ に関する支援施策」の紹介、サポートが必要なときの「支援機関」の紹介等、ＩＴやアプリ導入のサポートに関する情報を入手することができます。

◎主な機能一覧◎

メニュー	内　容
ここからチェック	業種にあったアプリの検索ができる。 業種分類：「小売業」「宿泊業」「理容・美容業」「個人向けサービス業」「建設業」「製造業」「その他」
アプリ検索	以下の項目を組み合わせてアプリ検索ができる。 「業種から探す」「目的から探す」「条件から探す」
導入事例	さまざまな業種、業務にＩＴ導入をした事例動画や事例記事が検索できる。 検索項目：「業種」「地域」「目的から探す」等 「目的から探す」で検索可能な事例：「お客様・取引先を増やしたい」「仕入や在庫の管理をしたい」「決済や請求をしたい」「経営やお金の把握をしたい」「人の管理をしたい」「情報共有をしたい」等
お役立ち情報	ＩＴ導入に役立つ施策、支援機関の情報を掲載 ●支援施策の紹介…利用可能な各種補助金情報 ●支援機関一覧…「中小機構各地域本部」「よろず支援拠点」「E-SODAN」など ●特集一覧…ＩＴ導入促進やアプリ（ＩＴツール・クラウドサービス）に関する記事、インタビュー等を紹介 ●セミナー情報…ＩＴ導入に関する各種セミナーの紹介

◎ここからアプリに登録される主なアプリ◎

アプリ名（提供会社）	機能説明	分　類
Wix （Wix.com Japan 株式会社）	専門的な知識がなくても、プロ仕様のホームページが簡単に、無料で作成できるサービス	ホームページ作成
desknet's NEO （株式会社ネオジャパン）	メール、掲示板、ファイル共有、スケジュールや施設の予約、タスク・勤怠管理などの機能をワンストップで活用できるグループウェア	グループウェア テレワーク
PayPay （PayPay株式会社）	店頭QRコード決済サービス	決済（店頭QRコード）
やよいの給与明細オンライン （弥生株式会社）	初心者でも給与明細書をカンタンに作成できるクラウド給与ソフト	給与計算
Jimdo（ジンドゥー） （株式会社KDDIウェブコミュニケーションズ）	多彩なテンプレートを活用し、難しいコードなどのプログラミング知識が必要なく、「クリック＆タイプ」だけでホームページを作成可能	BtoC EC BtoB EC ホームページ作成
弥生会計オンライン （弥生株式会社）	初心者でもすぐに使い始められるクラウド会計ソフト	会計
KING OF TIME （株式会社 ヒューマンテクノロジーズ）	リアルタイム自動集計で大幅な業務効率化を実現する、クラウド勤怠管理システム	勤怠管理 シフト管理
LINE Pay （LINE Pay株式会社）	店頭QRコード決済サービス	決済（店頭QRコード）
formzu （フォームズ株式会社）	Webフォームが無料で作成できるクラウドサービス	問合せ管理

ＩＴ戦略マップとＤＸ認定制度

ＩＴ戦略マップとは

「ＩＴ戦略マップ」（URL：https://it-map.smrj.go.jp/）は、「どのようにＩＴを活用したら、ビジネスが成功するか？」を示した仮説ストーリーを１枚の絵にまとめたものです。2020年12月に開始されたWebサイト「ＩＴ戦略ナビ」上で、簡単な質問に答えるだけで自社の実情に合った「ＩＴ戦略マップ」を作成することができます。作成した「ＩＴ戦略マップ」の活用により、ＩＴ戦略を進めていくうえでの経営課題・業務課題を見える化できます。チャットボットサービスが用意されており、作成中の問い合わせに対応しています。

また「ＩＴ戦略マップ」は、小売業、飲食業、宿泊業から理容・美容業、個人向けサービス、建設業、製造業、その他サービスまで幅広く活用されています。「ＩＴ戦略ナビ」も独立行政法人中小企業基盤整備機構が運営しています。

◎ＩＴ戦略マップの効果◎（「ＩＴ戦略マップ」Webサイトにもとづく）

●課題および解決策の「見える化」

経営上の課題および業務上の課題と共に、これらの解決策がＩＴ戦略マップ上で「見える化」されます。

●ＩＴ導入に向けた社内の意思統一

課題解決に必要なＩＴソリューションが示されるため、課題やその解決策を社内で共有することができます。また、ＩＴ導入に向けた社内の意思統一を図ることに役立ちます。

●従業員のモチベーションアップ

ＩＴ導入や運用に向け、従業員がＩＴの活用目的や導入効果を共有することになり、モチベーションアップにつながります。

◎ＤＸ認定制度の概要◎（ＤＸ認定制度申請要綱にもとづく）

制度の内容
国が策定した指針（情報処理システムの運用及び管理に関する指針）を踏まえ、優良な取組みを行なう事業者を、申請にもとづいて認定する制度
申請対象
すべての事業者（法人と個人事業者。法人は会社だけではなく、公益法人等も含む）
申請スケジュール
通年可能（1年を通していつでも申請が可能）
認定審査について
「企業経営の方向性及び情報処理技術の活用の方向性の決定」「企業経営及び情報処理技術の活用の具体的な方策（戦略）の決定」「戦略の達成状況に係る指標の決定」など8つの設問に関する「認定申請書」「申請チェックシート」および「添付資料」にもとづき、経済産業省令に定められた認定基準を満たしているかどうかの審査を実施
申請方法
申請Webサイト【ＤＸ推進ポータル】にアクセスして電子申請 URL：https://dx-portal.ipa.go.jp
相談・問合せ窓口
ＤＸ認定制度事務局相談・問合せ窓口…E-mail：ikc-dxcp@ipa.go.jp

ＤＸ認定制度

ＤＸ認定制度は、経営ビジョンの策定やＤＸ戦略・体制の整備などをすでに行ない、ＤＸ推進の準備が整っている事業者を経済産業省が認定する制度です。2020年５月15日に施行された「情報処理の促進に関する法律の一部を改正する法律」にもとづき開始しました。

ＤＸ認定の取得により、認定企業はＩＰＡ（独立行政法人情報処理推進機構）のWebサイトでＤＸ認定事業者一覧として公開されるなど、ＤＸに前向きな企業としての認知度向上が見込まれます。

また、自社がＤＸを推進するしくみを持つことを対外的にアピールでき、社内外の関係者とのコミュニケーション円滑化やデジタル人材の獲得につながることも期待されています。ＤＸ認定は、“ＤＸ-Ready”な企業であることの表明になるとされています。

7-5 ＤＸの取組みに活用できるフレームワーク：環境分析

ＤＸを進めていく際に行なう経営の環境分析で用いられる、主な**フレームワーク**を以下にまとめます。

外部環境分析

外部環境分析では、市場の成長性、技術動向、環境問題などを分析します。代表的なフレームワークは、ＰＥＳＴ分析、ファイブフォース分析、３Ｃ分析などです。**ＰＥＳＴ分析**では経営を取り巻く環境を４つのマクロ的な観点から把握します。**ファイブフォース分析**では５つのミクロ的な観点から業界内の競争環境を分析し、**３Ｃ分析**では顧客・競合・自社の分析により強み・弱みを明確化します。

内部環境分析（経営資源の分析）

内部環境分析の代表的なフレームワークには、バリューチェーン分析、ＶＲＩＯ分析などがあります。**バリューチェーン分析**は、事業活動を価値創出の機能連鎖としてとらえ、機能ごとの強み・弱みを明確にして、競争優位の源泉を把握する分析手法です。**ＶＲＩＯ分析**は、「Ｖ：経済価値」「Ｒ：希少性」「Ｉ：模倣困難性」「Ｏ：組織」の観点から経営資源の強みと弱みを分析するフレームワークです。

ＤＸでは、自社の競争優位性の源泉を踏まえたうえで、他社や関係者との連携や共創も考慮してネットワークのなかで強みを活かし、顧客価値を高めることが重要になります。

ＳＷＯＴ分析

ＳＷＯＴ分析では、内部環境分析（強み「Ｓ」と弱み「Ｗ」）と外部環境分析（機会「Ｏ」と脅威「Ｔ」）の結果を表にまとめます。さらに、両分析の結果を統合した**クロスＳＷＯＴ分析**で強み・弱みと機会・脅威を組み合わせ、戦略策定やＤＸの取組みを具体化するための分析を行ないます（４－２項参照）。

◎環境分析のフレームワーク◎

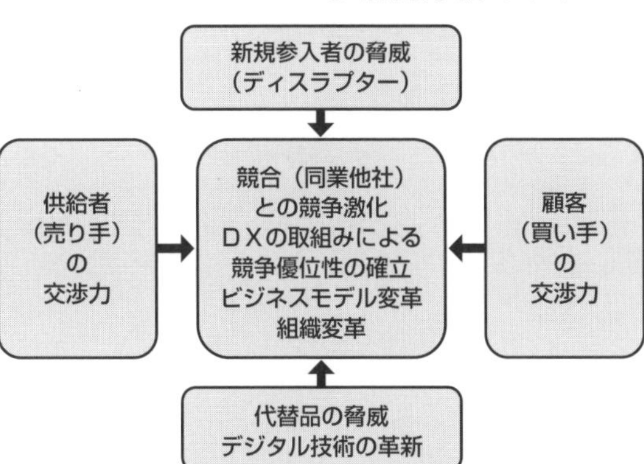

【ファイブフォース分析】
事業環境・競争環境のミクロ的な分析
- 競合企業との競争：業界内の競争、ビジネスモデル、他
- 新規参入者の脅威：異業種からの参入、創業者、起業家、他
- 代替品／代替サービス・技術の脅威：顧客の選択肢・満足度、他
- 顧客（買い手）の交渉力：嗜好の変化、価格に対する志向、他
- 供給者（売り手）の交渉力：仕入先依存度、仕入価格動向、他

【バリューチェーン分析】
- 主活動：顧客価値を創出
- 支援活動：主活動を支える活動

事業活動を価値創出の機能連鎖としてとらえ、機能ごとの強み・弱みの明確化により、競争優位の源泉を把握

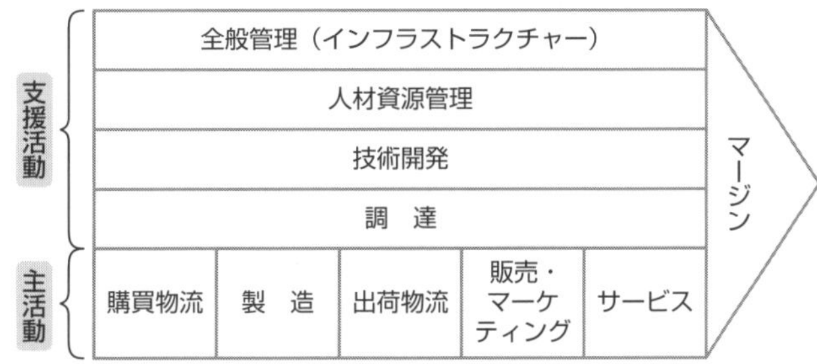

◎代表的な環境分析のフレームワーク◎

外部環境分析	概　要（ファイブフォース分析は上図を参照）
ＰＥＳＴ分析（外部環境分析（マクロ的））	Ｐ（政治要因）：地政学分析、覇権、法・規制、他 Ｅ（経済要因）：景気・金利・為替・株価・物価・雇用・国際収支、他 Ｓ（社会要因）：人口、消費者動向、ライフスタイル、他 Ｔ（技術要因）：技術革新、デジタル化、知財・特許、他
３Ｃ分析（市場での成功要因を分析）	顧客（Customer）：市場ニーズ、顧客ニーズ、市場セグメント、他 競合（Competitor）：競合の把握、競合の強み・弱み、他 自社（Company）：強み・弱み、競争優位性の源泉、他
内部環境分析	**概　要（バリューチェーン分析は上図を参照）**
ＶＲＩＯ分析（経営資源の競争優位性の分析）	Ｖ（Value＝経済価値）：経営資源の対競合での価値を分析 Ｒ（Rarity＝希少性）：経営資源の対競合での希少性を分析 Ｉ（Imitability＝模倣困難性）：競合による模倣困難性を分析 Ｏ（Organization＝組織）：競争優位性確立のための組織体制構築
総合的な分析	**概　要**
ＳＷＯＴ分析（内部環境と外部環境の分析。4-2項参照）	内部環境：Ｓ（Strength：強み）、Ｗ（Weakness：弱み） 外部環境：Ｏ（Opportunity:機会）、Ｔ（Threat:脅威） ＜クロスＳＷＯＴ分析＞（4-2項参照） 「強み×機会」：強みで機会をとらえる／「強み×脅威」：強みで脅威を回避／「弱み×機会」：弱点補強対策／「弱み×脅威」：ワーストシナリオの回避

ＤＸの取組みに活用できるフレームワークと発想法

ビジネスフレームワーク

ＤＸでは、競争優位性の確立をめざすことになります。そのためのビジネスモデル変革や経営戦略策定を行なう際に必要となるビジネスフレームワークを下表にまとめました。こうしたフレームワークは、ＤＸの取組みでのＩＴ化やデジタル化の戦略策定においても参考になります。

「ビジネスモデルキャンバス」は、ビジネスモデルを直接分析するフレームワークです。顧客セグメントや価値提案、顧客との関係性など９つの観点からビジネスのしくみを分析することにより、ビジネスモデルの変革に役立ちます。

ＤＸの取組みでは、関係者とビジョンを共有し、共感を高めるために、ストーリーを意識した戦略（物語戦略）を立てることも重要です。

◎主なビジネスフレームワーク◎

フレームワーク	概要（PPM、ポーターの競争戦略は次ページ図参照）
ＳＴＰ分析 （サービス・製品の優位性を分析）	Ｓ（Segmentation）：細分化により競争市場を把握・設定（どこで競争） Ｔ（Targeting）：ターゲティング。標的顧客を設定（誰に提供） Ｐ（Positioning）：ポジショニング。競合対比の差別化（どのように提供）
４Ｐ分析 （マーケティングミックス策定） （4-7項参照）	Product（製品）：顧客に何を（どのような製品を）提供するか Price（価格）：顧客に提供する価格を設定（いくらで提供） Place（販路）：流通・物流のチャネル（どのような販路で届けるか） Promotion（販売促進）：どのように認知度を高め、購買につなげるか
ビジネスモデルキャンバス （事業構造を分析）	①顧客セグメント（Customer Segments） ②価値提案（Value Propositions）　③収益の流れ（Revenue Streams） ④顧客との関係性（Customer Relationships）　⑤チャネル（Channels） ⑥主要活動（Key Activities）　⑦リソース（Key Resources） ⑧パートナー（Key Partners）　⑨コスト構造（Cost Structure） の９つの観点から競争優位性確立のための事業構造を分析
アンゾフの成長マトリクス	「市場（市場での顧客ニーズ）」と「製品（提供する商品やサービス）」という２軸で「既存」と「新規」に区分 ４つの戦略：「市場浸透」「新製品開発」「新市場開拓」「多角化」

◎代表的なビジネスフレームワーク◎

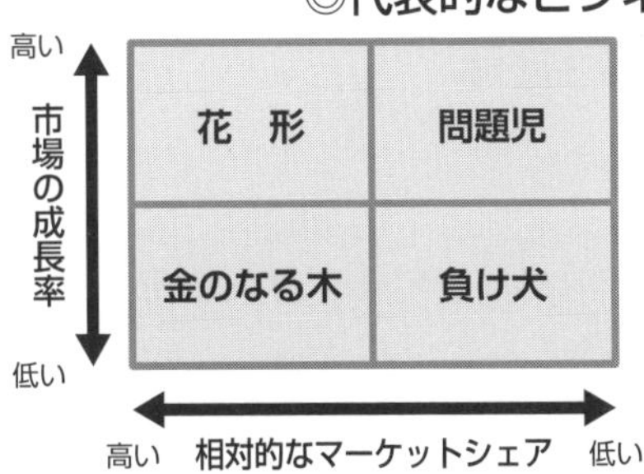

【PPM(プロダクトポートフォリオマネジメント)】

- 「相対マーケットシェア」「市場成長率」の２軸で「花形（スター）」「問題児」「金のなる木」「負け犬」に区分、戦略の方向性を検討
- 「花形」では事業拡大、「問題児」では「花形」への展開、「金のなる木」では高収益性事業の継続・「問題児」事業への投資、「負け犬」では事業の見直し、等を考慮して戦略（や資源配分）を検討
- PPMは、資源配分を見直すＤＸ（事業ポートフォリオ再構築）において応用可能

【ポーターの競争戦略】

- 競争環境（ファイブ・フォース分析を活用）における３つの基本戦略（コストリーダーシップ・差別化・集中）を導出。バリューチェーン分析は、外部環境重視の競争戦略を補完。
- ＤＸを成し遂げたプラットフォーム企業は、コストリーダーシップと差別化を両立。

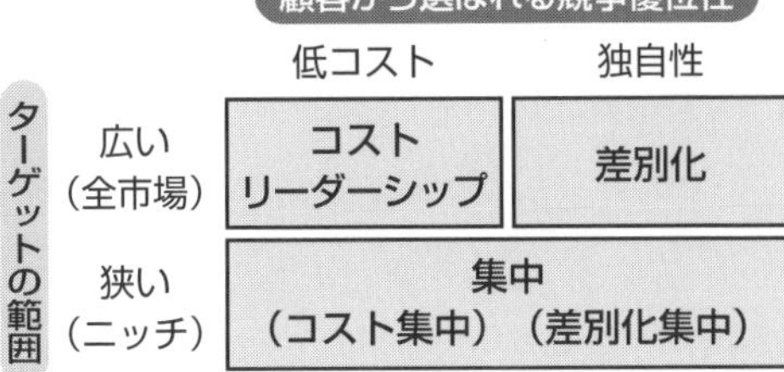

発想法

　ＤＸの取組みにより、顧客の状況を把握しつつ、共感を伴って顧客が直面する問題の解決を図る過程では、創造的なアイデアによるイノベーションが重要になります。下表に、イノベーション創出に役立つ発想法をまとめています。

◎主な発想法◎

発想法	概　　要
ブレーンストーミング	グループ（集団）でアイデアを出し合うことによる発想法。デザイン思考による問題解決の過程でも活用される
オズボーンのチェックリスト（SCAMPER法）	アイデア創出のための９項目のチェックリストによる発想法。改良型のSCAMPER法は７項目のリストによる発想法。デザイン思考による問題解決の過程でも活用される
ワラスの四段階説	四段階の創造プロセス：準備、インキュベーション、ひらめき、検証
プロトタイプ（プロトタイピング） ラピッドプロトタイピング	試作品（の作成）でイメージを具体化する方法、高速型（ラピッド）では、さらにスピード重視でコストをかけずに行なう。デザイン思考による問題解決の過程でも活用される
親和図法	ブレーンストーミング等で出されたアイデア（付箋紙等に記載）を分類し、グループ別に整理してその特徴を表現してまとめる方法
マインドマップ	イギリスのブザン（Tony Buzan）による視覚化等による発想法。デザイン思考による問題解決の過程でも活用される。

7-7 環境分析や戦略策定に役立つツール

環境分析や戦略策定に役立つツールを次ページ表にまとめました。多くのツールがWebサイトで公開され、無料で利用できます。

【RESAS（地域経済分析システム）】

地域経済に関連したデータを見える化するWeb上のツールです。地域経済の特徴の把握が容易になり、外部環境分析に役立ちます。

【jSTAT MAP】

Web上での地理情報システム（統計GIS）です。統計地図の作成や地域分析を応用して、小地域の商圏分析に活用できます。

【統計ダッシュボード】

主要な統計データをグラフ等で簡単に表示できるWebサイトです。地域別の人口ピラミッドを表示できます（時点の選択も可能、将来推計人口にも対応）。

【e-Stat】

「政府統計の総合窓口」として政府統計データが一元管理されるポータルサイトです。各府省等による統計調査の各種情報を検索することが可能です。上記jSTAT MAPや統計ダッシュボードもe-Statにもとづくものです。

フレームワーク用のツール

【ローカルベンチマーク】

企業の経営状態を把握するためのツールです。経済産業省のWebサイトから分析用のツールを入手（ダウンロード）できます。事業者の強みや弱みの把握に役立ちます。

【経営デザインシート】

企業の価値創造のしくみを明確にし、目標とする将来像を描く経営分析ツールです。ビジネスモデルの変革にも有用です。

◎外部環境分析に役立つツール◎

RESAS（地域経済分析システム）：https://resas.go.jp/
●地域を特定したときに使いやすい「データ分析支援機能」やコロナが地域経済に与える影響を可視化した「V-RESAS」などの機能が追加され充実化が進んでいます。エビデンスにもとづく政策形成（EBPM）を推進する地域経済産業政策の基盤強化の一環として、RESASの活用が重視されています。 ●持続化補助金の公募要領でもRESASの活用が取り上げられています。 ●提供者：経済産業省と内閣官房（まち・ひと・しごと創生本部事務局） ● API：データの有効活用を促進するためAPIも提供しています。
jSTAT MAP：https://jstatmap.e-stat.go.jp/
●提供される機能を活用して、市場分析等各種の詳細な計画立案に資する基本的な分析を簡単に行なうことができます。また、レポート作成機能があります。 ●提供者：e-Stat（政府統計の総合窓口）の機能の一部として提供されています。 ● API：リッチレポートの「周辺エリアの集計値取得」と「周辺地図画像取得」をAPIで提供
統計ダッシュボード：https://dashboard.e-stat.go.jp/
●一般にダッシュボードとは、さまざまなデータを画面で一覧表示する機能やソフトウェア、Webサイトのこと。統計ダッシュボードでは、地域別に稼ぐ力と雇用力を平面上にプロットして簡単に表示することができるなど、地域の産業の特徴を簡単に把握・分析できる機能を提供しています。 ●提供者：総務省　● API：全収録データについて統計APIの活用が可能 ● REST方式のWebAPI（Application Programming Interface）でも公開
e-Stat：https://www.e-stat.go.jp/
●日本の政府統計情報をワンストップサービスとして提供するWebサイト。社会の情報基盤として、各府省等が登録した統計表ファイル、統計データ、公表予定、新着情報、調査票項目情報、統計分類等の各種統計関係情報を提供しています。 ●提供者：総務省 ● API：提供している統計データを機械判読可能な形式で取得できるAPI機能 LOD（Linked Open Data、オープンデータの最高ランク（5スター））で統計データを提供しています。

◎フレームワーク用のツール◎

ローカルベンチマーク
● 6つの財務指標：①売上高増加率（売上持続性）、②営業利益率（収益性）、③労働生産性（生産性）、④EBITDA有利子負債倍率（健全性）、⑤営業運転資本回転期間（効率性）、⑥自己資本比率（安全性） ● 4つの視点：①経営者への着目、②関係者への着目、③事業への着目、④内部管理体制への着目 ●財務情報と非財務情報（4つの視点、業務フローと商流））の観点から経営を分析 ●エクセルファイルのツールとしてダウンロード可能 ●提供者：経済産業省 ● URL：https://www.meti.go.jp/policy/economy/keiei_innovation/sangyokinyu/locaben/
経営デザインシート
●ワードファイルやパワーポイントのファイルとしてテンプレートのダウンロードが可能 ●提供者：内閣府 知的財産戦略推進事務局 ● URL：https://www.kantei.go.jp/jp/singi/titeki2/keiei_design/

ＤＸの取組みを促進する新たな事業・税制

中小企業等事業再構築促進事業

「中小企業等事業再構築促進事業」は、ポスト／ウィズコロナ時代と対峙する中小企業等の新分野展開や事業・業種転換等の事業再構築の取組みを支援して、日本経済の構造転換を促進することを目的としており、事業再構築補助金の公募が予定されています。

業態短観や新分野展開のためのＩＴ投資など、基本的に設備投資が補助対象ですが、建物の建設費、建物改修費、撤去費、システム購入費に加え、新しい事業の開始に必要となる研修費、広告宣伝費・販売促進費も補助対象です。

中小企業関連税制（設備投資を促進する税制）

ＤＸ（デジタルトランスフォーメーション）投資促進税制が創設されています（2023年終了）。

- 対象となる投資…全社レベルのＤＸ計画（主務大臣が認定）にもとづく、クラウド技術を活用したハード・ソフトのデジタル関連投資
- 措置…投資額に対する税額控除（５％／３％）または特別償却30％

中小企業経営強化税制（Ｃ類型）：延長（10％税額控除等）

一定のデジタル化設備を、中小企業等経営強化法の認定を受けた経営力向上計画にもとづき、取得や製作等した場合に、即時償却または取得価額の10％の税額控除（資本金3,000万円超１億円以下の法人は７％）が選択適用できます。

中小企業経営のＤＸの取組みを支援する施策は、今後も充実化が図られるとみられます。最新情報を確認のうえ、活用をご検討ください。

◎2021年に創設した中小企業等事業再構築促進事業の概要◎

【事業再構築補助金の通常枠の基本要件】

対象となる人
●中小企業 ●中堅企業…中小企業の範囲に入らない会社のうち、資本金10億円未満の会社 ＜主な申請要件＞ ①売上減少…連続する6か月間のうち、任意の3か月の合計売上高が、コロナ以前（2019年または2020年1～3月）の同3か月の合計売上高と比較して10%以上減少（売上高に代えて、付加価値額を用いることも可能） ②事業再構築に取り組む…事業再構築指針に沿った新分野展開、業態転換、事業・業種転換等を行なう ③認定経営革新等支援機関と事業計画を策定する ●事業再構築に係る事業計画を認定経営革新等支援機関と策定する ●補助金額が3,000万円を超える案件は金融機関も参加して策定 なお、補助事業終了後3～5年で付加価値額の年率平均3.0%以上増加、または従業員1人当たり付加価値額の年率平均3.0%以上増加の達成を見込む事業計画を策定する。
支援内容
補助率：中小企業…2/3（6,000万円超は1/2） 中堅企業…1/2（4,000万円超は1/3）　など

（注）2022年7月1日現在公表の公募要領等にもとづく。

【想定される活用法】（補助金を活用した取組みの例）

飲食業…居酒屋から業態転換し、オンラインで注文を受ける新規食事宅配・テイクアウト事業を開始。オンライン専用のメニュー（弁当など）で需要に対応。

COLUMN

社会全体で進むＤＸ

ＤＸは、社会全体として進行しています。

デジタル技術の社会基盤としての整備が進むなかで、経済産業省は、2020年11月に、ＤＸの取組みにおいて経営者に求められる対応を「デジタルガバナンス・コード」として取りまとめています。これは、ＤＸに対応する経営者の行動規範と考えられます。ＤＸ認証制度においても、デジタルガバナンス・コードに則した活動が求められています。

また、デジタル環境での商取引を促進する、社会基盤としてのデジタル市場の整備についても検討が進められています。Society5.0をめざす日本は、国際社会に向けて、信頼関係の上に築かれた自由なデータ活用・流通を促進するＤＦＦＴ（データ・フリー・フロー・ウィズ・トラスト）の理念を掲げています。

新型コロナウイルス感染症や地球温暖化などの影響もあり、経営環境における不確実性はさらに高まっています。少子高齢化が進むなかで、生産性向上や人手不足、事業承継や技能承継などの課題に直面する中小企業経営者にとって、ＤＸは直面する課題を解決する手段の１つにもなります。

始められるところから備えていく取組みの結果を踏まえ、必要な場合には、はじめに戻って迅速に修正を繰り返す考え方やその実践のための体制づくりは負担にもなりますが、ＤＸ推進指標やＩＴ戦略マップ、ＤＸ認定制度、補助金など、ＤＸの取組みを支援するツールや制度も活用可能になっています。

消費者や生活者にとって、デジタルが常態化していくなかでの経営環境に目を向けながら、現在が、ＤＸを通して経営資源の配分を見つめ直し、持続的成長につなげる機会になるととらえる見方の重要性も増しています。

ＤＸの未来はどうなる？

Digital Transformation

執筆◎湯山 恭史

8-1 海外のＤＸ動向…米国

米国が世界のＤＸを牽引している

米国は、世界のＤＸ投資の３分の１を占める最大市場です。クラウドサービス、ＥＣ（電子商取引）、シェアードエコノミーなどデジタル技術を活用した新しいビジネスも、ほとんど米国発のものです。

また、ＧＡＦＡ（Google、Amazon.com、Facebook、Apple）と呼ばれる米国の巨大ＩＴ企業群は、クラウドプラットフォームを全世界に、ほぼ独占的に提供しています。このように、過去から現在に至るまで、米国は世界のＤＸを牽引する役割を務めています。

新しい動きも、米国ではどんどん生まれています。ヘルスケア・環境・教育などの分野でも、ＤＸを利用したスタートアップが多数登場しています。これらのスタートアップは、クラウドファンディング等の手法を駆使して資金を調達し、短い期間で起業を成し遂げています。他の国々においても、デジタルビジネスのスタートアップは誕生していますが、ダイナミックさにおいてはやはり米国が一番です。

ＧＡＦＡは、その資金力を活かして、自動運転の開発等で世界トップの座を争っているのはご承知のとおりですが、宇宙開発に対しても多額の投資をしています。宇宙にネットワークを張りめぐらすことによって、地球上のあらゆるデータが手に入ると考えているからです。米国の企業の発想力と実行力は、いまも世界の模範となるところです。

これからも米国は牽引役を続けられるか

ただ、この先も米国が牽引役を続けていけるかについては、いくつかのリスクもあります。

１つは、ＥＵや各国で制定の動きがある、巨大ＩＴ企業に対する

◎世界のDXを牽引する米国◎

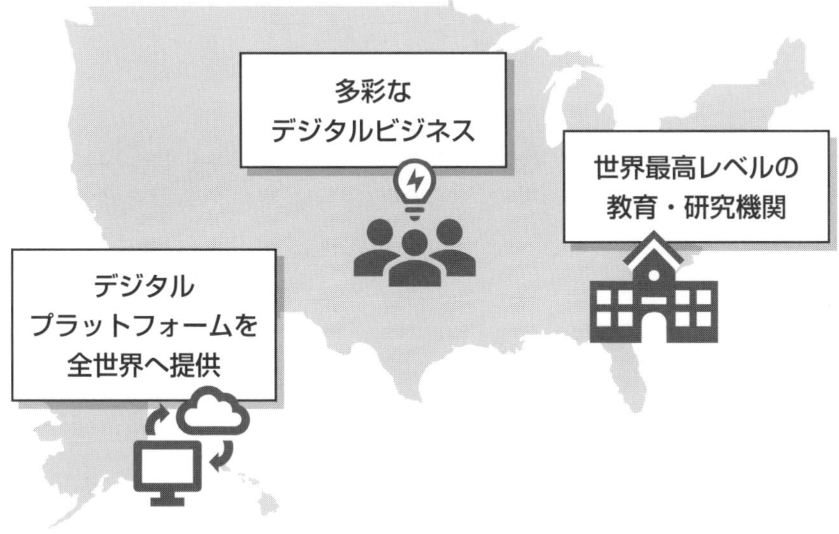

◎巨大IT企業に対する規制強化の動き◎

	米　国	E　U	日　本
規制法案	通信品位法改正の動き	デジタル市場法など2法案制定の動き	デジタルプラットフォーム取引透明化法
制裁・係争など	個人情報不正利用で制裁金	競争法違反で制裁金	公取委の実態調査

規制の動きです。GAFA等の米国の巨大IT企業が影響を受け、勢力がそがれる可能性があります。

あと1つは、次項で述べる中国の台頭により、DXリーダーの座が脅かされるというリスクです。

このようなリスクはありますが、フロンティア・スピリットを持つ米国が、DX革命を引き続き強力に進めることは間違いないでしょう。

海外のＤＸ動向…中国

中国のＤＸ関連支出は世界１位

中国は、2020年のＤＸ関連支出が2019年と比べ15％ほど増加すると見込まれ、最大の成長率となっています。特に、ＥＣ市場が成長しており、世界第１位の規模を擁しています。また、中国のデジタル関連企業の成長も著しく、アリババ、テンセントの２社が世界の時価総額トップ10企業入りを果たす状況となっています。

「インターネットプラス政策」「中国製造2025」「次世代ＡＩ発展計画」を主要３政策とする、政府の強力な指導と支援が、中国の急速なＤＸ化進展の原動力となっています。中国は、13億人の人口を抱える国です。現在のＤＸは、まだ都市部で広がっているにすぎません。今後、農村部へＤＸが本格的に波及し、巨大なＤＸ市場を形成していくことは間違いありません。

米国とのリーダシップ争いが熾烈になる

中国政府の統制力は強いのですが、新しい技術に関してやれるところまでやらせてみようという傾向があります。

自動運転技術に関しては、北京・上海・重慶、広州・深圳など多数の都市で自動運転のモデル地区を設置し、自動車・道路インフラというハード面とデジタル技術面を統合した実証試験を推進しています。また、宇宙開発においても、月面着陸・宇宙ステーション・火星探査と、米国を猛追する計画を公表しています。ＤＸ市場規模および先端技術開発の両面で世界トップの座をうかがう勢いがあります。

2025年に世界の製造強国の仲間入りをし、建国100年を迎える2049年には世界の製造強国の先頭グループ入りを実現するという目標を掲げ、次世代情報技術や新エネルギー自動車をはじめ10の重点分野を設定しています。これらの分野には、ＤＸに関連するものも

◎中国におけるDX発展の原動力◎

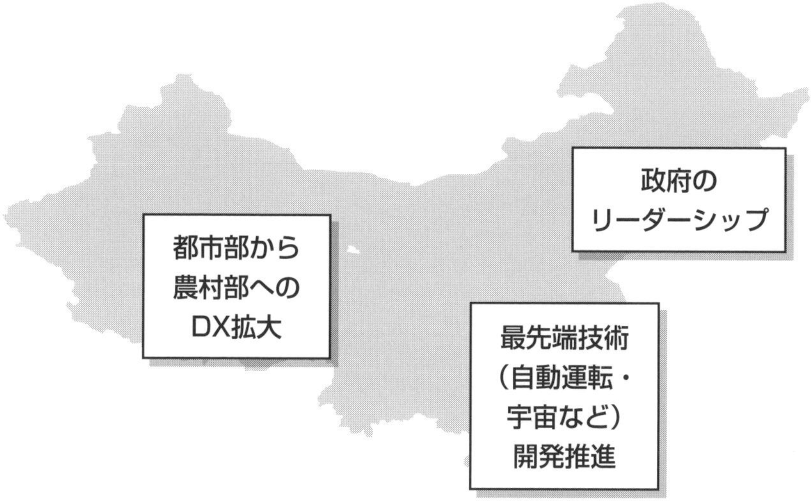

政府の
リーダーシップ

都市部から
農村部への
DX拡大

最先端技術
(自動運転・
宇宙など)
開発推進

◎「中国製造2025」の概要◎

＜目標＞
- 2025年：世界の製造強国に仲間入り
- 2049年（建国100年）：世界の製造強国のトップグループ入り

＜重点分野＞
- 次世代情報技術（半導体、次世代通信規格）
- 高度なデジタル制御の工作機械・ロボット
- 航空・宇宙設備（大型航空機、有人宇宙飛行）
- 海洋エンジニアリング・ハイテク船舶
- 先端的鉄道設備
- 省エネ・新エネ自動車
- 電力設備（大型水力発電、原子力発電）
- 農業用機械（大型トラクター）
- 新素材（超電導素材、ナノ素材）
- バイオ医薬・高性能医療機械

含まれており、いま以上にDX強国をめざして動くのは確実です。

当面はDXに関する製品、推進政策および技術開発面で、米国と中国のリーダシップ争いが熾烈になっていくでしょう。日本にとっても影響が大きい両国のことですが、2つの国のダイナミズムは見習うべき点が多くあります。

8-3 2025年の崖

ＤＸ化が進まなければ大きな経済損失が生じる!?

日本では、大企業を中心にＤＸに対する投資の機運が高まっています。また、テレワークが浸透してきていることも、ＤＸへの取組みに拍車をかけていると見ることができます。しかし、日本におけるＤＸへの取組みは米国や中国と比べ遅れているといわれています。

2018年に経済産業省は、情報システムの老朽化とデジタル人材の老齢化・不足が阻害要因となり、ＤＸが進まなければ「2025年以降、最大で年間12兆円の経済損失が生じる可能性がある」と警告を発し、「2025年の壁」という用語を使って打開への取組みを促しました。

「2025年の壁」を乗り越えるには、経営者の関与が重要です。老朽化したシステムを刷新し、人材育成に投資をするためには、経営者の理解と決断が不可欠だからです。ＤＸを進めれば天国に、このままいくと地獄に落ちるというほど極端なものではないかもしれないですが、それなりに大きな差が現われるという認識を、経営者が持つことが重要です。

ＤＸ人材の育成が重要

企業のデジタル人材育成に対する取組みに加え、学校教育やトップ人材を輩出するための措置など社会的な施策もあわせて必要です。一部の企業が、ＡＩ人材を破格の処遇で雇用すると発表していますし、小学校でプログラミング教育が必修化されるなどの動きが出てきています。

本書においても、ＤＸ人材の育成を取り上げていますが、ＤＸ関連本の多くが人材育成や組織づくりにページを割いています。日本は少子高齢化の流れのなかにいます。ＤＸを進める人材の確保は、ますます難しくなっていくでしょう。

一方、高齢化社会においては、ＤＸの有効性は高まっていくとい

◎「2025年の崖」とは◎

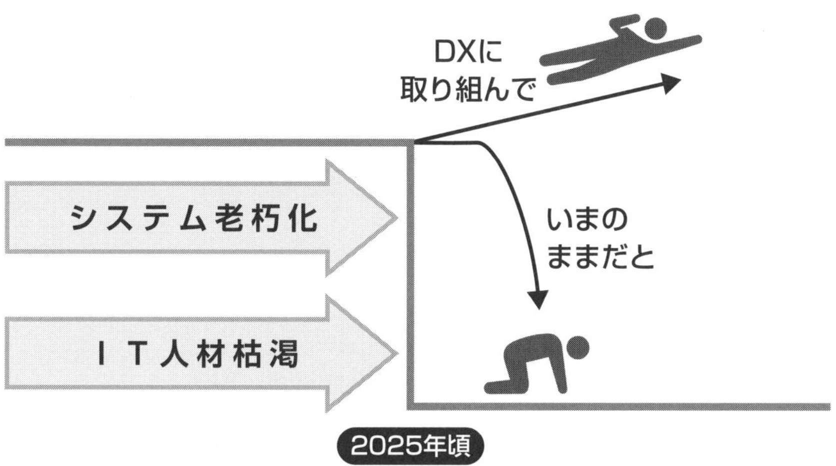

◎階層的なデジタル人材育成のしかた◎

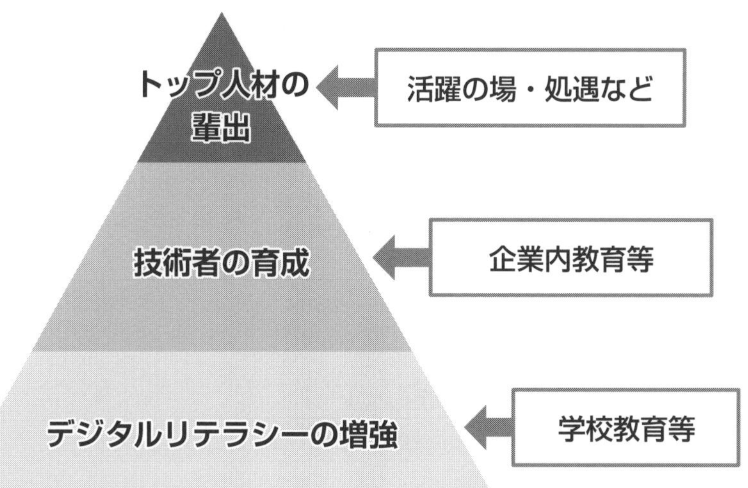

うこともいえます。技術開発力・生産能力・情報リテラシーなどの面に加えて、日本人が決して得意としてこなかった発想力や企画力なども含めた総合力が、企業が崖を乗り越える重要な意識面・行動面の要素になっていきます。

スマートシティの構築

「スマートシティ」とは

政府の定義によれば、**スマートシティ**とは、「都市の抱える諸課題に対して、ＩＣＴ等の新技術を活用しつつ、マネジメント（計画、整備、管理・運営等）が行なわれ、全体最適化が図られる持続可能な都市または地区」であり、「交通」「自然との共生」「省エネルギー」「安全安心」「資源循環」という５つの分野を含むものとされています。これらは、私たちが快適・安全に生活をし、かつ持続可能な社会をつくるために必要なことです。

スマートシティ構築のなかで、ＤＸは重要な位置にいます。スマートシティでは、交通システム・エネルギーシステム・防災システム等、スマートシティを構成する各システムから発生する膨大な情報をリアルタイムで統括制御する必要があります。

これを実現するには、ＩｏＴ・ＡＩ・高速ネットワーク等の最新デジタル技術を駆使し、都市レベルでＤＸを成し遂げる必要があるからです。

さらに、万一、システムが異常な動きをすると、人命に影響を与える可能性があります。システムの安定稼働およびサイバーセキュリティ面でもより高い水準が求められます。

スマートシティの構築が進んでいる

日本国内でも、多くの地域でスマートシティ構築の動きが盛んです。すでにある都市にデジタル技術を使って、行政サービス・オンライン診療・自動運転バスの導入などを図るものや、自社工場の跡地を使って一から未来の都市を設計し、構築していく動きまで、さまざまです。地方自治体、電力会社、自動車・電機メーカー、コンサルタントなど多彩なメンバーが連携して、それぞれの特色を出して取り組んでいます。

◎スマートシティの概要◎

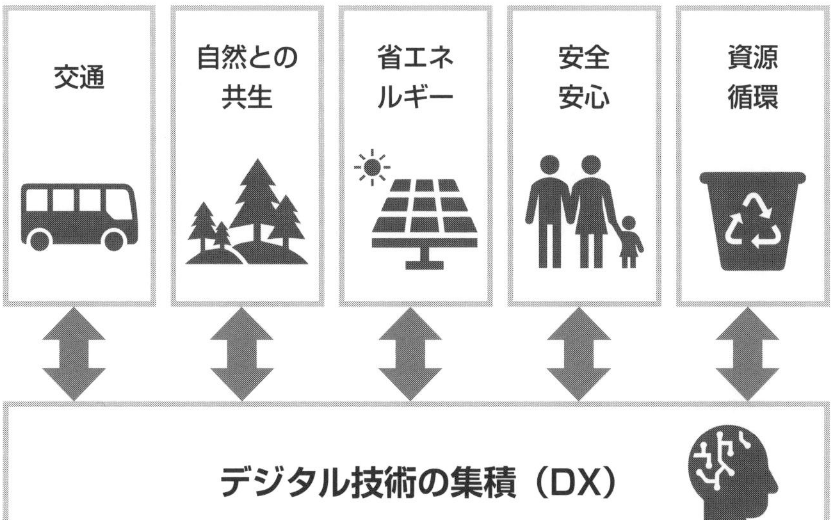

◎デジタルとアナログ世界の融合◎

利便性や安全性は住民にとって嬉しいものですし、持続可能性は次の世代が地球資源を受け継いでいくためには絶対必要なものです。あわせて、住民同士のふれあいというアナログ的な要素との融合もきわめて重要であり、今後のスマートシティ発展における命題の1つになっています。

8-5 シンギュラリティがやって来る？

「シンギュラリティ」とは何か

デジタルシステムは、どこまで賢くなるのでしょうか。究極のＤＸにおいては、人間の関与はいらなくなるのでしょうか。

ＡＩ等のデジタル技術の進歩によって、社会の進化までデジタルシステムに取って代わられるとき（**シンギュラリティ**）が来ると予測する研究者もいます。なお、シンギュラリティとは、もともと「特異点」という数学用語です。また現在、人間が行なっている仕事の50％近くがデジタルシステムに置き換えられ、その職種を具体的にリストアップした研究レポートも公表されています。

現在の株式市場においては、アルゴリズム取引が主体になっているといわれています。株式相場の動きも、以前とは明らかに変化しており、デジタルシステムに制御権が移り、市場が過敏に反応する事例も出てきました。

また、工場や建設現場などでロボットが活躍し、人手不足を補って活躍をしています。最近では、受付や接客など対人対応をする業務まで、ロボットが活躍するようになってきています。

シンギュラリティはやがて現実のものに?!

これらの動きをどんどん進めていくとどうなるのでしょうか。いずれ、社会の進歩はデジタルシステムが決め、仕事の大半はロボットが行なうというシンギュラリティが訪れるのでしょうか。

シンギュラリティは2045年に来るという説もあり、意外と近い将来ですが、アニメの世界でしかないと思われていた近未来図がいまのロボットの進化をみることで、刻々と近づいている実感を持つことができます。

一方で、デジタルシステムが障害を起こすと、私たち人間の生活は大変な被害をこうむり、復旧のために多数の人間が動員されます。

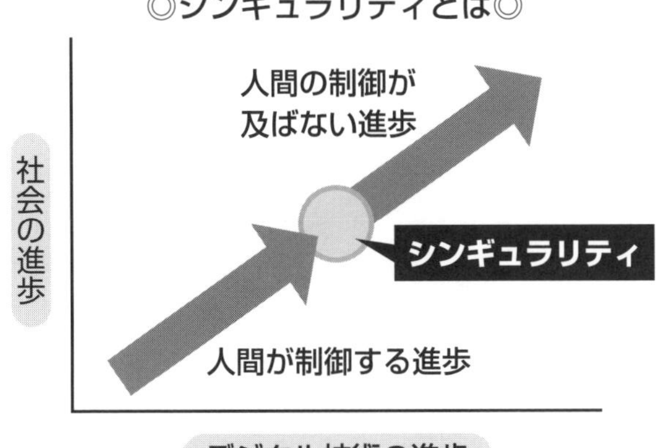

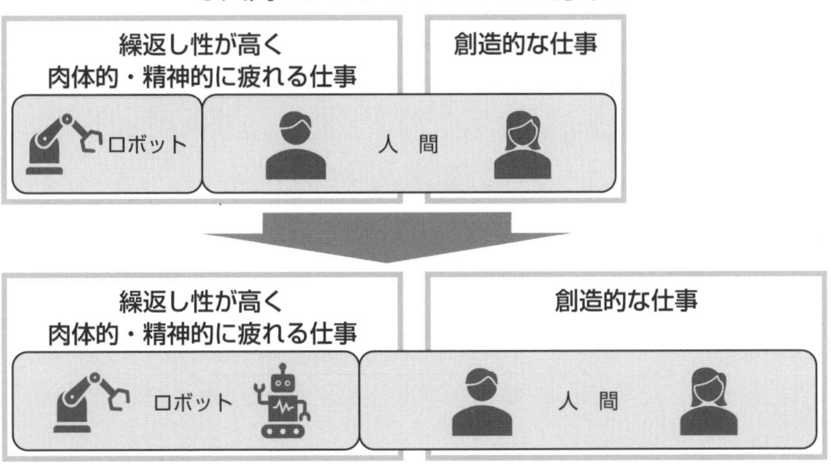

また、技術の進歩によって消滅する職業もありますが、これまではそれを上回る新しい職業が生まれてきました。100年ほど前に登場した自動車や鉄道などの職業、昨今のＡＩ技術者など知的人材などがその例です。

大切なことは、人間とデジタルシステムの共生を進めていくこと、今後生まれるあるいは需要が増える職業に就く人間を増やすような教育・社会システムをつくっていくことです。

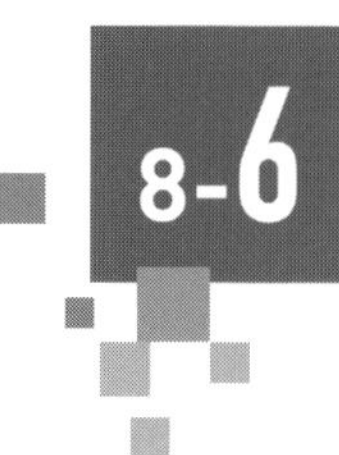

8-6 DXが実現する未来予想図…暮らし

10年後の暮らしはどうなっている？

私たちの暮らしが10年後に、ＤＸによってどう変わるかを予想してみましょう。

平日の朝、目覚めると、大手メディア・ＳＮＳなどから発せられた膨大な情報からＡＩが取捨選択したものが個人に届けられます。半分の人はテレワークを実施しているため、通勤は比較的楽です。

出社すると、世界中にいる同僚と、超高速のネットワークやＶＲを介して臨場感よく一緒に仕事を開始します。顧客との打ち合わせもリモート会議が主体になったので、出張もあまりありません。

運動不足になるので、オフィスにはトレーニングマシンが常備されているかもしれませんね。

仕事が終わると、ネットで知り合った人と情報交換を兼ねた飲み会をリアルやリモートで行なったり、趣味を楽しんだり、それぞれが自分に合った時間を過ごします。職場の同僚同士で飲みに行くことは減るかもしれませんね。

休日はアナログ主体で

休日には、風光明媚な観光地でリフレッシュです。

自動車は自動運転になっているので、安全安心に家族や友人との会話を楽しみながら目的地まで移動します。目的地に着くと、散策をしたりバーベキューをしたり温泉に入ったりと、ここはアナログな世界です。

ＤＸは、これらの変化の原動力であり、技術的には可能なものばかりです。10年というのは、ＤＸにとってかなり長い時間ですので、もっと大きな変化をＤＸは引き起こしているでしょう。

ＤＸは未来予想図の核として働く

一方、こういう生活を望まない人たちも多くいるでしょう。ある

◎ライフスタイルに合わせた多様なサービス◎

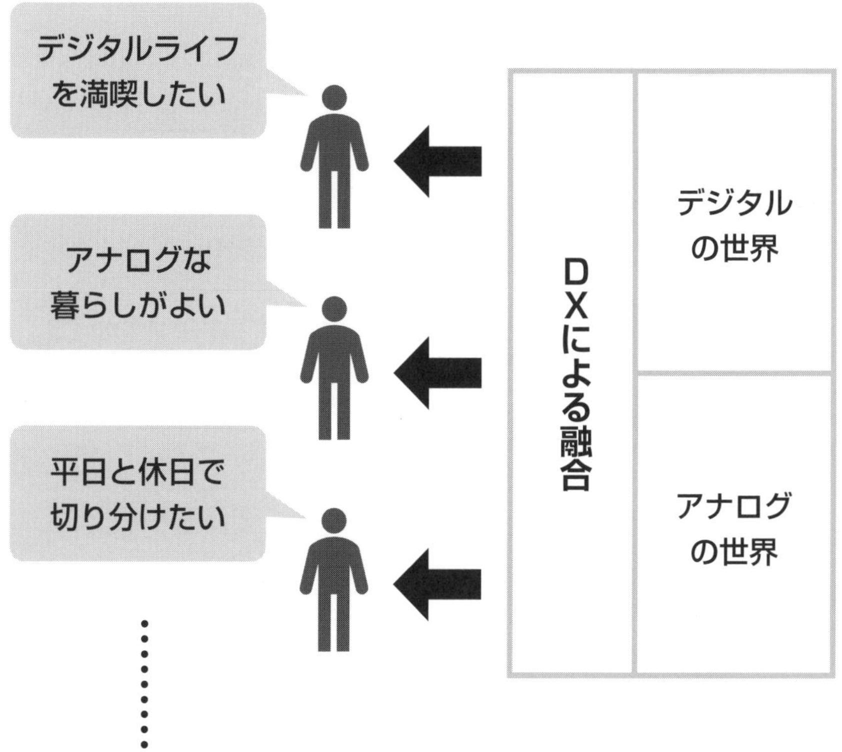

いは、週の半分はＤＸに囲まれた生活を送り、あとの半分はネットが届かないところで生活したいと思う人もいるでしょう。

こういう多様なライフスタイルを実現することは、デジタルとアナログの融合をめざすＤＸの得意とする分野であり、こうした社会を次々に実現していくことになります。ＤＸが未来予想図実現の核として働くことは間違いありません。

ＤＸが実現する未来予想図…産業

産業の変化を３つの点から予測すると

ビジネス面では、どのような未来が訪れるでしょうか。動きが速すぎて予測は難しいですが、以下の３つの点で未来を予測してみましょう。

第一は、**新しいビジネスが多種誕生する**ということです。

前項で述べたように、人々の暮らしは大きく変わると予想できます。この暮らしの変化を支える新規ビジネスが現われるでしょう。

デジタルプラットフォームの進化とクラウドファンディングの普及で、アイデアをビジネスにするハードルは下がってきます。アイデアの質と動きの速さで、勝ちと負けがはっきりと分けられるでしょう。

第二の点は、**顧客や取引先との関係を持つ機会が拡大**し、距離もどんどん縮まるということです。

デジタル技術の進歩で直接、顔を会わせない顧客とも十分なコミュニケーションができるようになります。海外の関係者とも、ＡＩ技術の１つである自動翻訳で意思疎通ができるようになります。業界の情報や顧客情報も洪水のように、デジタルメディアを介して入ってくるでしょう。

第三の点は、**社内の働き方や製品のつくり方が変わる**ということです。

働き方改革が進み、テレワークが常態化することで、社内のコミュニケーションのデジタル化がさらに進むでしょう。製品製造については、ＩｏＴ、ロボット化が進み、現場の見える化と効率化は一層進むでしょう。この状況のなかで、少子高齢化による人手不足を補う、人材活用戦略を各社が立案する必要があります。

ＤＸにより、これらの変化が予想できますが、変化の波をプラス

◎新しいビジネスの誕生◎

社会の変化

- 少子高齢化
- 持続可能な世界
- ニーズの多様化

デジタル
技術の進歩

新しいビジネス

◎成長するか、退化するか…◎

方向に乗りこなすか、マイナス方向にのまれてしまうかは、経営者の判断と行動によるところが大きいです。

2025年の崖のところでも述べたように、足下ではシステムの老朽化、ＤＸを担う人材の老齢化・不足化があり、これらの対策をきちんとしたうえで、ＤＸの波に乗る戦略を考えることが大切です。

ＤＸの未来に必要なことは…（「おわりに」に代えて）

◎ＭＯＴ（技術経営）の重要性

８章で述べてきたように、社会や環境の変化にそなえた未来志向のＤＸ戦略を立てるためには、**研究開発戦略**が大きくからんできます。研究開発戦略については、企業が小さいからといって無関係の内容ではありません。研究する人が１人であろうと、立派な研究所であろうと、企業には必須ですし、数年先を予測した戦略ですから、大企業といえども基礎研究や基盤技術開発から入るからです。そのためには、**ＭＯＴ**（Management of Technology）のような技術マネジメントの考え方が必要になります。

ＭＯＴを本格的に実践するとなると、技術部門だけでなく経営計画もにらむ必要があるのでビッグな計画になってしまい、本書では書ききれませんが、簡単にいえば次のようなステップになります。

ステップ	内　容
1	５年先、10年先の暮らしや技術を予想して、そこから顧客ニーズの推定を行なう（複数のシナリオが考えられる）。
2	そのシナリオをもとに製品戦略を立てる。その際には、自社の技術資産の棚卸しをしておく。
3	目標となる製品・サービスを開発するための課題を抽出する。意思決定のために費用対効果を明確にする（不足する技術や人材があれば、どのようにカバーするのか検討する）。
4	課題を精査して、実行案を確定（意思決定）する。

このステップは、特にＤＸ時代でなくても採用されてきた方法ですが、意思決定のプロセスのなかに「**顧客価値体験**」の重みづけが大きくなってきたのは、ＤＸ時代らしい意思決定の方法です。

技術の先読みは、熟練した思考や的を射た情報収集力が要求されます。50年・100年先でなくとも、上表に示すような５年先、10年先を見通すのは簡単ではありません。中小企業では、できなくても不思議はありません。

しかし、企業がＤＸ戦略を構築するときには、未来予測図（未来の道しるべ）をつくって戦略を立てて毎年見直すべきなのです。待っていれば自社の未来予測図を立ててくれるというような、奇特な人は存在しないのです。道しるべがあるか・ないかで仕事をするのは、どちらが賢明な策なのかは、言うまでもないことです。

◎未来戦略へのヒント

公的機関や民間企業・団体が、下表のように５年先、10年先を予想しています。こういう情報を大いに利用するといいでしょう。

テーマ名	未来戦略へのヒント	行動主体
ＤＸの本格的な展開	ＤＸレポート。企業のとるべきアクションと政府の対応策の検討	経済産業省
ＣＰＳ（サイバーフィジカルシステムズ）	フィジカル空間の情報を高度・高効率に収集・蓄積し、サイバー空間と高度に融合させる連携技術	内閣府。Society 5.0 の実現において必要とされる技術構築に関する研究
ＳＤＧｓ（持続可能な開発目標）	17のゴールと169のターゲットからなる国際目標を設定	国連サミットで採択（2015年）
自然災害	防災4.0による防災戦略	内閣府
情報通信分野	2030年代に実現したい未来の姿	総務省。情報通信審議会
未来創造研究	「未来プロジェクト」や「未来都市構想」等で新しいプロジェクトのタネをみつける企業活動	トヨタ自動車など民間独自の試みや試案を報告
リニア新幹線	リニア中央新幹線と日本の未来	鉄道総研。ＪＲ東海
製造業の未来	製造業2030	ＪＥＭＡ（日本電機工業会）
中小製造業	中小規模製造業者の製造分野におけるデジタルトランスフォーメーション（ＤＸ）推進のためのガイド	ＩＰＡ（情報処理推進機構）：2020年12月発表

（神谷俊彦）

【執筆者プロフィール】

神谷俊彦（かみや　としひこ）監修および１章を担当

大阪府出身。大阪大学基礎工学部卒業。中小企業診断士、ＩＴコーディネータ、Ｍ＆Ａシニアエキスパート。富士フイルム（株）にて技術・マーケティング部門で35年勤務後、独立。現在、（一般社団法人）城西コンサルタントグループ（ＪＣＧ）会長として、会員とともに中小企業支援を行なっている。同時に、ものづくり経営コンサルタント会社（株）ケービーシーを設立して、代表取締役に就任し、現在に至る。得意分野は、ものづくり支援、海外展開支援、ＩＴ化支援。

著書に、『図解でわかる品質管理 いちばん最初に読む本』『図解でわかる購買管理 いちばん最初に読む本』『図解でわかる外注管理 いちばん最初に読む本』『図解でわかるＩｏＴビジネス いちばん最初に読む本』『図解でわかるＲＰＡ いちばん最初に読む本』『図解でわかるＳＣＭ いちばん最初に読む本』『問題解決手法の基本と活用法』『生産管理の実務と問題解決 徹底ガイド』『図解でわかるスマート工場のつくり方』（以上、アニモ出版）がある。

木佐谷康（きさたに　やすし）４章、５章、６章を担当

東京都出身。上智大学法学部法律学科卒業。中小企業診断士、ＩＴコーディネータ、行政書士、Ｍ＆Ａシニアエキスパート。日本ユニシス株式会社をはじめとするＩＴ企業に25年以上にわたり勤務し、外資系企業のマーケティングや新規事業立上げのほか、上場企業の役員も歴任。独立後は、おカネのかからないＩＴとマーケティングを中心に中小企業のＩＴ化や経営戦略策定、補助金活用などを支援。

（一般社団法人）城西コンサルタントグループ、東京都行政書士会所属。

著書に、『図解でわかるＲＰＡ いちばん最初に読む本』（アニモ出版）がある。

【メールアドレス】kisatani-y@jcg-net.com

湯山恭史（ゆやま　きょうじ）３章、８章を担当

東京都出身。東京工業大学理学部情報科学科 修士課程修了。中小企業診断士、行政書士。株式会社日立製作所入社、集積回路の設計自動化、半導体の製造システム構築に従事したのち、全社情報システムの企画業務を経て、鉄道事業部門などで最高情報責任者（ＣＩＯ）を歴任。現在は、中小の建設会社などで各種許認可取得やＩＴを活用した業務改善の支援を行なっている。

（一般社団法人）城西コンサルタントグループ、東京都行政書士会所属。

著書に、『図解でわかるＲＰＡ いちばん最初に読む本』（アニモ出版）がある。

荒川清志（あらかわ　きよし）２章、７章を担当

宮城県出身。東京大学卒業。米国カーネギーメロン大学産業経営大学院修了ＭＳＩＡ（ＭＢＡ）。中小企業診断士。証券会社、銀行等にて、調査、計量分析、法人顧客向け財務アドバイザリーなどの業務を経験後、独立。中小企業の経営コンサルティング（公的支援策・補助金の活用、経営戦略策定支援、データ分析・活用）、創業者や小規模事業者の経営支援に取り組んでいる。

（一般社団法人）城西コンサルタントグループ所属。

著書に、『問題解決手法の基本と活用法』（アニモ出版）がある。

（一般社団法人）城西コンサルタントグループ（略称：ＪＣＧ）

国家資格の中小企業診断士を中心とした100余名のコンサルタントが所属している経営コンサルタント集団。2009年に発足し、首都圏を中心に全国のお客様にコンサルタント活動・研修セミナー・各種調査事業を行なっている。会員による個別企業の経営コンサルティングを行なうのはもちろん、企業が抱えるさまざまな課題（売上・利益改善、事業承継など）に対して、多彩な専門分野をもっている会員たちでベストチームを組んで、的確にかつスピーディな診断や助言を行ない、お客様から高い評価をいただいている。

本　部：東京都新宿区新宿２丁目５－12
FORECAST新宿AVENUE　６階
ＵＲＬ：https://jcg-net.com/
mail：　info@jcg-net.com

図解でわかるＤＸ　いちばん最初に読む本

2021年４月15日　初版発行
2022年７月20日　第２刷発行

編著者　神谷俊彦
著　者　木佐谷康・湯山恭史・荒川清志
発行者　吉溪慎太郎

発行所　株式会社**アニモ出版**
〒162-0832 東京都新宿区岩戸町12 レベッカビル
TEL 03(5206)8505　FAX 03(6265)0130
http://www.animo-pub.co.jp/

 ISBN978-4-89795-248-2
印刷：文昇堂／製本：誠製本　Printed in Japan